天下文化
BELIEVE IN READING

地方創生未來式

二地居

二地居 地方創生未來式

目錄

序

深耕，才能發掘在地DNA

龔明鑫（國家發展委員會主任委員）

「地方創生」一詞，起於日本。因為面臨人口減少、人口過度集中大都市，以及城鄉發展失衡等問題，日本在二〇一四年訂定了「城鎮、人、工作創生法」，並建立了「地方創生協力隊」，招募具專長的人士到地方發展，找出在地生存的經濟模式。

台灣也面臨了類似的問題，然而，由於社經環境及文化背景的差異，我們無法直接移植日本的作法，必須建立屬於台灣本土的地方創生思維與風貌，才能夠真正落實「均衡台灣」的社會願景。

以青年為主體，政府是協助而非主導

今年（二〇二〇年）是台灣「地方創生二年」。有別於日本，我們特別強調以青年為主體，並尊重在地文化，政府部門的功能是協助而非主導。另外，除了有商業價值的提案，我們更鼓勵公益性質的提

案，將取自地方的資源，真正回饋給地方。

我接觸過不少有心投入地方創生的個人和團隊，發現他們可能因為人生地不熟，花了很多時間走冤枉路，為了強化地方創生青年的支持系統，從二〇二二年起，我們將設置專案辦公室，以及北、中、南、東等分區輔導中心，第一年在全台灣設立三十所青年培力工作站，後續將陸續增加，提供創生青年所需的輔導與陪伴。

另外，我們也調整了徵案方式，打破了過去以區公所作為唯一收案平台的模式，在地青年只要有好的提案想法，未來都可以到就近的青年培力工作站或分區輔導中心提案。相信透過多元徵案，可以促成更多創生青年落地生根。

二地居，是深耕的前置演練

地方創生需要長期耕耘，速成的作法，是不可能真正深入在地、發掘在地的DNA，因此，比起短期的成效，國發會推動地方創生更重視「深耕」的決心。

本書提出了「二地居」的概念，可以視為「深耕」的前置演練。如果還未能下定決心，先透過兩地移動的方式，從一週一天、數天的頻率，跟地方建立關係，累積了在地的資源與人脈後，再正式蹲點，投入地方創生，更能夠水到渠成。

對於有心展開「二地居」的青年，我們即將設置的分區輔導中心，以及青年培力工作站，就是跟地方發展連結時很好的起點。

雖然台灣的「地方創生」才剛起步，然而，我們有信心，透過各種支持系統協助有志青年走進地方，打造在地的人脈網絡，建立共生共榮的能量，未來台灣絕對有機會成為其他國家發展地方創生的典範。

序

地方創生的階段性目標

朱平（肯夢創辦人）

真正認識承毅，也是最近的事。花了兩天的時間一口氣看完《二地居》的初稿，真是佩服承毅的論述能力及串連整合的行動力。

「二地居」絕對是「地方創生」的階段性目標。

我與敏是在二〇〇九年移居台東的。當時就決定移居台東，不是要過退休生活，更不是為了避靜而逃離台北的都市生活。我們發現台灣是最適合「雙城生活」的地方，坐飛機從台北到台東僅需一小時，坐火車也僅需三個半小時。整個台灣都可以成為一日生活圈。真正的距離是在我們的既有成見中。

我們在台北生活、工作、消費，也在台東生活、工作、消費。

承毅講的「認同感」、「歸屬感」及「關係人口」，是「地方創生」成功的最重要元素之一，否則只是 Overtourism（超限旅遊）、Excessive consumerism（過度消費主義）。經濟起來了，也賺到錢但最後是喪失地方鄉村的獨特生活品質吸引力。

看完《二地居》後，我有兩個心得及感想：

第一，承毅提出的「頂級世代」及讓他們找到使命感（Purpose），的確是地方創生重要的一環。台灣各地的地方創生，吸引年輕人到地方發展，已成為全民運動。只是大家做的事都大同小異，不可避免的零和遊戲已在發生。到最後，大家都會碰到瓶頸。因此還需要一群「有消費力」、「有資源」、「有移動力」的人。他們因為「雙城生活」、「二地居」而移居地方，成為「關係人口」（Stakeholder）。地方創生的成功，必須要能提升地方的生活品質、服務品質，才能產生正循環。有高消費力的「二地居」人，才能支撐高品質的服務、提供較高薪資的工作，也才能吸引更多年輕人參與地方創生，讓地方鄉村成為二地居的地方。

第二，台灣人口減少已成不歸路，不管如何降低鄉村人口往城市移動的速度及總量，整個台灣人口是逐年快速減少。這是一個大家都不願面對的真實現況。地方創生則能暫時讓人口往城市移動的速度減慢。日本已是一個明顯的例子。也就是說，即使地方創生成功，也難以面對總人口減少所產生的巨大變化。因此移民政策需大膽鬆綁。鼓勵國外「頂級世代」及「專業人才」來到台灣地方鄉村定居，更需要建立新農業移民政策，解決農業找不到農工的大問題。

讓我們一起參與承毅及一群「台灣地域振興聯盟」朋友，讓「新土地運動」、「新故鄉運動」、「二地居」、「雙城生活」成為的一股新生力，不但能讓地方鄉村的人口增加，更讓台灣成為世界人在亞洲的家。Taiwan- Your Home in Asia.

序

走進鄉鎮，打造另一個家

陳郁敏（漣漪人基金會共同創辦人／正向心理學教練）

法文有個詞「pied-à-terre」，意思是落腳處，其實就是在都市裡的小寓所，意味著還有另外一個家，通常是在郊區或鄉村。

一城一鄉二地居在西方文化是很普遍的生活型態。在澳洲的好友選擇在獵人谷（Hunter Valley）經營農場，畜養安格斯牛；也保留回到雪梨，住在他面對雪梨歌劇院的小公寓，仍能擁有大都市多采多姿的生活。另一位好友，她會回到從小生活的小村莊，雖然她在倫敦市區工作，但一直保持與當地的連結。

二十年前我住在香港中環，從三十二層樓高的小公寓往西看是大嶼山，一直嚮往在大嶼山租個房子作週末度假屋。這個城鄉二地居的心願終於達成：台北與台東都蘭。

二地居的生活方式需要想像力和決心才會發生的。

這幾年我參與多項在台東的地方創生計劃，認識了許多返鄉和移居台東的青年，滿懷熱血的創業或開啟各式各樣的社會創新項目。如果您正在思考返鄉或移居小鎮參與地方創生，建議您先閱讀第三部第一節的十六個挑戰，然後把自己準備好。

還未返鄉前，先培養謀生能力，譬如遠端接設計案、翻譯外文書、網頁設計等。如果您是會計專業，可以在鄉鎮提供會計記帳服務，幫助提升地方企業的競爭力。

我們需要更多有謀生能力、有生活體驗、有新想法的人走進台灣的鄉鎮！

序
二地居，走出台灣獨特的創生路

林峻丞（甘樂文創執行長）

「地方創生」這把火從二〇一四年自日本延燒到台灣來，在行政院宣告二〇一九年為地方創生元年後，「地方創生」在台灣已是野火燎原，並成為了火熱的話題。對應這個重要的國家政策，產、官、學、研、社無不熱烈討論，各式論壇、研討會、座談會也以此作為議題，搭上創生熱潮。

但漸漸地，各界也察覺這套日本傳來的創生論，似乎不太合適台灣的水土，畢竟國土面積、人口規模、政策方針、民情都差異頗大。

於是，開始有創生界的人士希望找到更符合台灣水土的創生之道，甚至有人主張「地域振興」比起「地方創生」或許更適合，姑且不論是地方創生或地域振興，我都覺得不必拘泥於名詞上的解釋，只要能做出有利地方發展的事就好，管他是否創生。

在還沒有「地方創生」這個名詞前，台灣早就有些人在實踐創生的概念，像是宜蘭蘇澳以木屐聞名的白米木屐村，或是南投埔里以青蛙生態為特色的桃米生態村，都透過凝聚在地人的共識，注入了地方的特色元素，逐漸發展成產業並吸引青年返鄉，具體實踐了地方創生的精神。

地方創生，早就存在於台灣

儘管至今各路學派創生之術五花八門，不論是設計翻轉地方創生、創生五支箭、成立街區公司……，甚至一堆日本案例的教科書，我還是認為台灣應該要走出自己的創生路，特別在創生政策仍然摸索、搖擺的時候，更應該由民間走出一條路來引領政策。

跟承毅熟識多年，他是一個社會觀察家、地方活化傳道士，他細微的觀察與獨到的見解，總是讓人讚嘆與追隨，他提出的「關係人口」與「二地居」，就相當適合台灣的創生之道。

台灣國土面積不大，高鐵、公路運輸系統早已實踐一日生活圈，人口的移動不再像過去如此困難，早上人在台北，下午就移動到了台東或屏東偏鄉。因此地方創生或許可以掌握關係人口，透過二地居的概念，吸引更多熱愛鄉土又有才能的人去到鄉村，擾動地方、刺激發展，像是我幾個好朋友，台南土溝的黃鼎堯、坪林金瓜三號的蔡威德，都是他鄉變故鄉的真實案例。

我想，只要能為鄉村創造更多關係人口及二地居的機會，或許便能自然形成台灣獨特的創生模式。

楔子

看見地方改變，自信迎向未來

文／林承毅

每年的十二月十二日，是日本的「漢字之日」，國民會選出一個最具代表性的字，作為對過去一年的反思及回顧。當京都清水寺住持在眾人眼前大筆揮毫，寫下這個大字，確實讓人感受到「一字入魂」的魅力。

回到台灣，如果也要向這個有意義的模式致敬，俐落地用一個字來定義二〇二〇這一年，容我大膽假設，會不會就是「生」字？年初突如其來的世紀大瘟疫，讓全球人心恐慌，沒人知道疫情何時畫上句點。許多我們熟知的名人、甚至身邊的朋友，先後離世，生命的脆弱流露無遺。無獨有偶，台灣的生育率持續探底，在今年七月正式來到死亡交叉，「生不如死」的年代正式來臨，因此「生」字確實足以收納台灣這段時間的集體意識。

如果進一步選一個單詞，我想「創生」兩字應該毫無懸念的雀屏中選。這個從日本飄洋過來的觀念，原是不易理解的和製漢語，到底有什麼樣的魔力可以在短時間之內席捲全台，書報架上陳列著各種相關書籍與媒體報導，在Google上甚至還能找到超過一億七千萬筆的搜尋結果？我想，這個現象的背後，就隱含著一場時代微革命，不是偶然，或者單純抄襲或模仿日本的潮流，而是一個如同水到渠成般的堅定必然。

從「社區總體營造」到「地方創生」

二十幾年前，從日本迎來了「社區總體營造」的思維，從此以「建立社區文化、凝聚社區共識、建構社區生命共同體」為目標，展開了一場現代公民賦權及社區意識養成的啟蒙運動，讓人民敢於發聲，展開吾愛吾鄉的行動，讓台灣社會加速揮別過往威權時代的陰霾，重建人與社區的關係及主題性，成為更健全的公民社會。

加上一九九九年突如其來的九二一大地震，震垮了許多在地農村及社區，在人心徬徨無助的當下，社區總體營造的思維與做法彷如一帖良藥，得以凝聚人心，在有形的硬體重建之外支撐人的心靈，並重建人與人之間的關係，讓社區能成為地方的寄託。

二十多年過去了，台灣整體社會發展已步入另一階段，讓人不禁反思過往的發展邏輯，是否還適合當代。許多前所未見的現象——比如，高齡化、少子化引發台灣人口危機；十年前的行政區調整，看似從區域角度思考，事實上卻助長了城鄉間的人、資源單向流動。而發生在二〇一四年三月的太陽花學運，也讓年輕世代重新找回國族的認同、建立起地方意識，彷如加速器，讓青年返鄉、地方活化的行動，在全台遍地開花。

因為躬逢其盛，長年擔任中央政府相關部會專案審查委員，我有幸看到數百件從台灣土地長出的精彩提案，每每在審查現場與來自全台各地的熱血團隊面對面，並在計畫通過後，轉身成為顧問，陪伴他們為土地努力，看到屬於台灣的創生謳歌一步步真實上演，我深受感動。

比起「移居」，台灣更適合「二地居」

身為推動創生實踐的業師及顧問，念茲在茲的是如何成為在地夥伴的堅強支持系統，透過論述建構、策略引導及方法論教學，協助團隊更扎實地落地展開，讓我所信仰的地方創生終極目標「安居樂業」真正在地方實踐。我認為，面對時空改變及外部條件成長，確實應該與時俱進地發展出更多新的想法及做法，如何善用台灣的區域優勢、文化多樣性，以及人與人之間的關係，尤其關鍵。

移居地方確實是對區域平衡、地方發展最速效的作法，但是，回歸到實際面，「三就」（就醫、就學、就業）是人們對於居住不容妥協的現實考量，因此「觀光客以上，居住者未滿」的關係人口，更顯重要，無論你住不住在那裡，但你的心在那裡，就可以透過購買，透過倡議，透過實際行動來守護你深愛的地方。而後行有餘力，可以展開為創生而行的「移動」，透過台灣便捷的交通進行區域串連，找回交陪關係，讓自己能為深愛的地方所用。透過假日，透過不同人地模式，尤其 Covid-19 之後，我們看到遠距工作的可行性，再加上自由工作者比例持續成長，年輕世代對於人生價值的不同追求，最終，「二地居」似乎可以成為台灣面對區域失衡、人口問題的解法。

相對於日本投注大筆資源推動「移住計畫」，土地面積相對小、人與人關係緊密的台灣，似乎更適合優先推行二地居的概念，讓每一位台灣人，都能愛著兩個以上的地方，並為這兩地付出行動，帶入知識、經驗及技能。當這一天來臨，相信台灣每一處土地都能長出新的生態系，建構屬於在地的支持系統，讓人們得以依照特色風格，選擇自己心之所向的地方。

展現小國優勢的發展契機

而透過建構對地方的理解，爬梳在地的獨特性及魅力，讓在地的人充滿自信及光榮感，讓外地的人嚮往並期待，無論在何處，每一個地方都將成為一個有生命力、讓人憧憬的品牌。因為，沒有魅力的地方未來終將被時代拋棄。

日前向國發會主委龔明鑫請益時，他在言談中多次提到「耐心」，他也期盼能讓台灣建立起嶄新而健康的地方文化。確實，要迎向這樣的未來，無論官方及民間都應該心手相連，展開如同日本大力倡議的官民連攜精神，一起透過行動來面對這個世紀大變局。

請樂觀看待這一系列的轉變，地方創生將是台灣展現小國優勢的發展契機，而二地居則是過程中重要的折衷發展策略。請讓我們從這裡出發，一起迎向屬於台灣的未來時代。

最後，我想邀請大家在敞頁閱讀之前，與我一起深呼吸並閉上雙眼，帶著你的想像力在天空飛翔，讓思緒肆意來到二〇三〇、二〇四〇，甚至二〇五〇年，某處你依戀的台灣地方角落，也許那裡已然發展出超乎你想像的活力，每個人都能過著想要的生活，即使不若都市般繁華，但充實的公共建設與科技，確保每一個國民不論選擇住在什麼樣的地方，都能享受到城市般的便利性，以及極高的生活品質。在聚落之間，許多的流動持續產生，人們藉由科技與便利交通重新創造連結，彼此更為靠近，這不就是我們心之所向，並引頸期盼的地方創生精彩大結局？

16 二地居

第一部

迎向未來創生

文／林承毅

「地方創生」是因應少子化、高齡化、城鄉不均時代而產生的活化思維，因此，是所有人共同的未來事，也是未來式，更應該廣納不同模式、角度、策略，即時行動。在這個趨勢下，是否有更符合台灣的作法？城鄉共榮的創生模式「二地居」，是什麼樣的概念及推展契機？從二地居的演變歷程，又能獲得哪些反思與學習？

一之一

二地居 地方創生的未來式

「地方創生」是什麼？與你我有什麼關係？近年來，台灣各界對此一議題的討論方興未艾。

答案，要從日本談起。

由於社會結構改變、總人口急遽下降，許多鄉村都面臨了「地方消滅」的危機，日本內閣於二〇一四年推動國家政策「地方創生」，並成立地方創生本部，企圖解決這個足以動搖國本的問題。

日本亟欲解決的，還有日益擴大的城鄉差距——東京人口不斷超限超額淨移入。試想，一個生育率大幅低於平均水準的城市，為什麼每年還呈現十五萬人的人口淨成長？關鍵因素，就是人口的淨移入。

根據〈帝國資料銀行二〇一九年企業總部搬遷〉的資料，即使日本政府從二〇一五年開始頒布租稅優惠政策《地方據點強化稅制》，獎勵大企業把總部搬遷到東京以外的地方，但是

五年過去了，企業依舊源源不斷地向東京都會圈靠攏。

以去年（二〇一九年）為例，企業遷入數，較前一年度（二十三家）增加四十三家，而這樣的現象已經連續二十九年。

這個現象告訴我們，想要推動「地方創生」政策，移居他方必然是關鍵手段，而逆轉城鄉人口，確實是一件莫大的挑戰。

加速地方產業發展，透過產值所創造出的經濟力及文化力，推動青年持續返鄉，確實是移居地方的一種作法，而且也實施多年。但是，仔細想想，工作不應該是人口移動的唯一誘因。如今，青壯年追求的價值不同於以往，再加上台灣土地面積不大，城鎮移動通常在一、兩小時之間，移動成為日常化，是否

能創造更多可能性？

青壯年移居常見挑戰

移居最好的對象，就是擁有家庭的青壯年，因為他們會帶老攜幼，確實解決地方人口減少的問題。不過，移居說起來雲淡風輕，執行起來談何容易，尤其從外地搬到鄉下就學、就業、定居，如何適應新生活的風土和步調，又如何與新故鄉建立深厚連結，一點也不簡單。

相對於城市的多元流動，地方是一個穩定封閉的集合體。因此，當外來者或非系統內的份子想加入，通常必須先拜碼頭，和地方人士建立關係，我們也就常看到下面這個現象。

一個年輕人興沖沖想到鄉下，投入社會創新性的工作，當他和地方領導人或是意見領袖分享自己的理念時，常因為認知的落差，甚至對於風險評估不同，慘遭潑冷水。「不可能啦！這裡沒人會造訪」、「想太多啦！這些東西沒人會買」、「年輕人念那麼多書，回城市找大公司上班啦！不要做白日夢」，這些打擊及反饋，經常可見。

其次，也容易陷入補助金的迷思。

日本街區活化實踐家木下齊，曾提出「補助金是毒藥」說。

真的如此？

確實有些人或團隊，會為了計畫的存續而積極爭取資源，最後卻演變成因應補助金而推出計畫，這種捨本逐末的創生模式，的確是一大問題。在我看來，政府提供補助金本身沒錯，問題在於，申請者如何看待這一筆資源。如果當事者有強烈的企圖心投入某件事，而視補助金為加速器，讓計畫能走得更快、更有力量，就是健康的心態。

從最小規模引爆創新

在推動地方創生的策略上，我一向主張擁抱破壞式創新（Disruptive Innovation）。這個思維源自於商業界，核心精神在於能否突破既有框架，破壞業內邏輯，透過非典型做法來尋求革命性的突破。

以前述常見的挑戰為例，能不能採取破壞性創新的思維，從一個最小規模的改變來引爆地方創生？

在個人或團隊可掌握的資源與認知之下，獨立採取行動，秉持著「早早失敗，快快成功」的精神，勇於嘗試並進行靈活的調整，等到有初步成果之後，再展開相關的溝通連結，甚至從成果中來爭取公、私部門的認同與資源。

這個做法所體現的「破與立」精神，能讓懷抱大無畏勇氣返鄉的青年，有更大的成就感，當然也承擔更多風險。但是，面對一個發展停滯或急需救援的地方，必須投入更大能量。

「二地居」，就是一個較為折衷、最小規模的做法。

什麼是二地居？簡單來說，可以從以下角度來思考。

隨著時代軸轉、區域變遷，人們更追求工作自主性及多元化，加上交通便利，移動條件更佳，讓人們有更好的彈性、想像力，大膽嘗試新型態的生活。因此，許多人展開了在一個以上的地方停留並工作的模式，讓自身能量貢獻多方。一城、一鄉，享有兩種生活調性與節奏，也同時循著兩種工作模式及型態，多元並富有創造性，確實令人心生嚮往。

在兩地做出貢獻

二地居的定義，是兩地工作也兩地生活，但是，有些人容易把它和以下兩種型態混淆。

三、四十年前，日本處於泡沫經濟時代，同期台灣也處於經濟奇蹟時期，許多人一夜致富，捧著大筆資金投資不動產。東京人在熱海、輕井澤一帶，台北人則選擇宜蘭礁溪或近郊山區，買一戶溫泉小豪宅或一處避暑小屋，每當週末來臨，他們

台灣國土面積不大，兼以交通便利，如今想要往返任何地方，達到「一日生活圈」已非難事。

就懷抱著興奮的心情前往度假。但是，隨著人的慣性、惰性，再加上屋宅維護不易、使用率不高等情況，通常這樣的模式一年半載就會無疾而終。

當然，這與本書所定義的二地居有所落差。因為這樣的模式主要是一地工作、一地休閒，不是在兩地都進行工作與生活。

另一種容易混淆的模式，則是配合公司差派暫離家庭，到其他城鄉工作及生活，這種狀態在日本稱為「單身赴任」。單身赴任常見於薪資報酬高、具專業門檻的職位，如大學教師、高階主管、公務人員及科學園區高級工程師，通常持續週、月，甚至更長時間，而無論頻率或週期，多半為典型的一地工作、一地生活。

無論是二地居，或者從一點居衍生的多點居模式，可以說，都是從日本發展出來的新興生活型態。

人類的居住型態，從最初居無定所的採集、打獵到遊牧，最後約莫在一萬年前發展為定居狀態，建立社會體系及農業，讓人類的發展大步向前。人們逐漸習慣這樣的狀態，並且成為主流樣態。

如今，因為社會變遷，外加科技進步、交通便利，人類急於透過流動打破既有模式，兩點、多點成為新可能，但最終仍

然必須改變價值觀，才能突破舒適圈，自在移動。

日本「大介護時代」

社會規範相對嚴謹的日本，如何改變價值觀，發展二地居？日本社會長年奉行「終生聘僱制」，職場工作模式比較僵固，但是因為高齡化社會面對的殘酷課題，政府、民間都開始鬆綁長期以來的規範。

時間回到五年前的日本。一方面政府展開以「地方創生」為名的一系列政策，另一方面，許多四十到五十餘歲的企業中高階主管，在工作了二、三十年後逐漸登上職涯高峰的此時，卻常因為家鄉打來的一通電話，徹底改變了接下來的人生……

老家的長輩因急症突然倒下，長年在東京工作的兒女求助無門，被迫放下一切累積，返鄉照顧家人。這樣的照護需要長期進行，所以離職是唯一選項。他們一離開職場，不僅失去經濟來源，也失去在都市長期建立起來的人脈，連自己開展的小家庭，也可能因為長期分開而疏離。

在日本，像這樣的人一年超過十萬名。當他們的照護工作告一段落之後，常落得一無所有，成為嚴重的社會問題。

日本就這樣進入全面的照護動員，也就是所謂的「大介護

時代」。這意味著社會進入超高齡化狀態，照護議題及衍生的相關事項，是未來社會的重要大事。而日本政府為了解決這個棘手的問題，提出了「零照護離職」的社會補救總目標，最終希望，不再有人需要因為照顧長輩而離開現職。

不離職、不請假的兼顧系統

除了擴大照護資源、鼓勵友善長照職場、推動老老照護及地域支援中心，來帶動社區陪伴及照護，政府給予照顧假等制度，希望降低離職率，以維持整體勞動人口。而民間許多專家更建議，以工作者不要離職也不要請長假為目標，避免最後失去工作動力，造成未來的社會及經濟問題。

另一方面，民間也在珍惜人才的前提下，採取多元

日本高齡化社會面臨「老後親子破產」，許多在都市工作的中產階級，因為要照顧老病父母，不得不辭職回鄉，最終落得兩代同垮的處境。

彈性的做法，包括調整傳統工作模式及型態。其中，除了減少加班之外，也鬆綁朝九晚五、週一到週五的上班模式，讓照護者工作時間更機動。因此，當家鄉遠在他方，上班族為了盡照護責任而面對離職抉擇時，有了這樣的支持系統，也許就可以兩者兼顧。

雖然在日本的職場倫理上，「請假」是一件難以啟齒的事情，但總算因為高齡社會面對的照護難題，打破了許多框架及潛規則，成為展開兩地流動工作與生活的濫觴。

多元發展，活化職場

面對新時代，日本許多職場陳規，一一解開。

二〇一八年，曾經被日本社會視為不敬業的禁忌「副業」，竟然被改變，也同時宣告「終身雇用制」結束，媒體稱為「副業解禁元年」。關鍵在於日本政府修正法規，公布了《關於促進副業·兼職指導大綱》，明文規定：勞工可以在上班時間外從事其他公司的業務。這個新法規，紓解了可能的離職壓力，員工也可以在例假日或夜間投入自己的志趣，達到多元成長的效果。

日本的眼藥大廠樂敦（ROHTO），就是絕佳的例子。樂敦

多年來採取開放的管理態度，員工不僅可以利用下班後時間發展第二專長，並得以在假日前往嚮往已久的地方，透過投入貢獻，找到個人的價值。

另一方面，日本面臨缺工危機，企業為了留住關鍵人才，更積極嘗試先進的工作模式。一些大公司及勇於倡議的新創團隊，積極推動一週工作四天的制度，甚至一週內開放幾天採取遠距工作。

在社會變遷下，二地居成為當代日本共創的最適模式，讓城鄉之間，不再發生搶人大戰或資源的零和遊戲。

「地方創生」作為台灣未來國家總體發展的重要策略，就是想翻轉因高齡化、少子化造成城鄉人口落差的現象。有別於日本人口極端集中於東京的現象，台灣則是六都都出現強烈的磁吸效應，因此，透過振興地方產業來引導都市人口回鄉，讓這群人成為復興戰力，同時舒緩城市居住壓力，更是政府及民間的共同目標。

二地居就是在這樣的期待中，倡議給未來台灣的可行解法。這個模式不僅非常適合台灣的國土面積、區域人口關係，以及多變不定的人民性格，而且，進可攻、退可守，是活化地域的可靠戰術。

隨著科技的進步與社會觀念的開放，工作的型態愈來愈彈性多元，能讓更多有志者加入二地居的行列，對推動地方創生、縮小城鄉差距，頗有助益。

一之二

打造地域品牌 擦亮地方未來

過去十年來，透過媒體報導、遊人造訪，興起一股前所未有對地方的熱潮，而這也讓人感受到，即使都是所謂的地方，它們的多樣性及獨特風格，卻無法一概而論。

二〇一九年開始，台灣正式宣告並走入創生年代，各個區域之間面臨資源的爭奪戰。因此，如何成為一處「在地人自信，憧憬者喜愛，旅居者認同，旁觀者期待」的希望之地，將成為地方未來的生存關鍵。

想像一下，高齡化、少子化、人口過疏，早就是不可逆的現象，哪些地方有能耐在這當下，吸引不同世代返鄉、就地留鄉，甚至深受感動而入鄉？

老實說，憑藉的不只是工作機會、生活品質、區位位置、醫療、教育等顯性條件。一個地方必須擁有「地域品牌」，令人嚮往並認同，才能讓人產生舉家移住或就此安身立命的動力。

什麼是地域品牌？也許可以回到品牌的普世定義來看。

品牌，指的通常是一個組織透過特定的名稱、符號、象徵或理念，以產品、服務來傳遞價值，並藉著累積、重複來體現存在的意義。

品牌存在的主要目的，則是便於目標客群有效辨認，並與競爭對手區隔。而品牌所創造的無形效益，也因此成為企業看不見但極其關鍵的命脈。

誰擁有地域品牌？

用這樣的標準來看我們所處的這座島嶼，到底哪一個地方稱得上擁有地域品牌？大家閨秀般歷史悠久的古都台南？自然豐饒，近年崛起的台東？還是有鮮明特色的各地小鎮，龍潭、關廟、埔里或頭城？

也許有人會問，散布於臺灣島上的二二個縣市三六八個鄉鎮自治體，不算地域品牌嗎？政府不是推了好長時間的「一鄉一特色」，讓我們一聽到某個鄉鎮，就直覺聯想到當地的農特產品、觀光名勝？此外，每個縣市定期舉辦的各式特色展覽慶典，甚至花錢做吉祥物，到處宣揚爭取曝光，做得這麼努力而且全面，難道還不夠？

確實不夠。

想要打造地域品牌，絕非推廣在地農產品、風景名勝，舉辦各式活動慶典，做隻吉祥物爭取曝光，就足夠的。

以台灣最知名的「一鄉一特色」來看。每年的某個時間點，在產地舉辦活動，吸引媒體報導，但活動期間的激情過後，人們對於地方只存有片段記憶。這類由公部門標案所主導的短期活動，也許能創造一時的買氣效應，但對地方的品牌印象及心佔率，仍停留在單一思考。如大溪豆干節，一年又一年舉辦，也許加深了大溪與豆乾的連結，但人們對大溪的印象卻更為單一，甚至加深刻板印象。

打造品牌的三個步驟

品牌的核心，就是如何讓所有利害關係人留下深刻的印象，建立並留存認知，甚至感動，進而產生不同程度的漣漪效應。因此，一個地方要打造地域品牌，落實在行動上，可以透過「挖掘」、「詮釋」及「轉譯」來加速推進。

挖掘，是以嶄新視角來看待地方，可以視為啟動地域品牌的第一哩路。帶著好奇之心、敏銳之力，貼近地方風土、親炙文化肌理，透過田野調查、共創工作坊，由內而外、由外而內的挖掘不為人知的在地魅力，也可以說，從在地人認知的「沒什麼」中採擷到璞玉。

成功的挖掘行動，能讓一地的風土特色充分展現，也為地

「一鄉一特色」的操作，往往更加深人們對地方的刻板印象，難以感動人心。想要成功打造地域品牌，應該從挖掘、詮釋、轉譯三個步驟著手，由內而外發散、收斂，才能真正擴大地域品牌的影響力。

域品牌的內容打下深厚根基。

其次是詮釋，也就是帶著覺察之眼、企劃之思，從眾多資料線索中萃取，為內容畫龍點睛；讓那些隱默或深沉的魅力更為親民，擴大與眾人的溝通領域，避免流於孤芳自賞。

經過詮釋的內容更能廣為運用，從而預見嶄新的價值。這是台灣在過往發展中最欠缺的部分，但近幾年來，年輕世代前仆後繼嘗試，詮釋者在某種程度上已經逐漸補足。

最後是轉譯。如何發揮創造之意、策展之技、敘事之法，把代表地方的元素、符碼、內容，透過好的商品、服務、展覽、活動、祭典等多元載體傳遞出去，如此由內而外發散、收斂，最終影響更多人，地方將因此煥然一新。

成功的轉譯，除了精準掌握內容，並善加應用之外，還需要了解溝通的對象是誰，唯有如此，才能對症下藥，透過不同的公關傳播等形式，讓地域的內涵、城市的個性與在地的風格，精準傳遞出去。這最後一哩路，也攸關地方是否被關注並重視。

相較於台灣有二十幾個縣市行政區，日本擁有四十七個都道府縣，許多日本人一輩子都記不住，更不用說造訪當地。但是許多地方卻以地域品牌找回逆轉勝的動力，讓振興成為可能。這些地方的經驗，很值得台灣參考。

島根縣的自我調侃行動

位於日本的中國地區，被視為全日本知名度最低的島根縣，可說是飽受人口外移之苦，地方發展無比困頓，除了新幹線不停靠外，更被調侃為「只要開了一家超商就會上全國版」。這樣的地方，不要說吸引觀光客，就連旅外鄉親對地方的認同感、光榮感，都非常低落，相對也影響到移住及其他創生事務的推動。

像島根這樣的地方，難道只能坐以待斃嗎？

二〇〇七年，ＮＨＫ製作了一集節目「都道府縣擺脫後段班大作戰」（都道府県ワースト脱出大作戦）。在節目中，島根縣被列為日本民眾最不知道地理位置的地方，而後，婚後移居

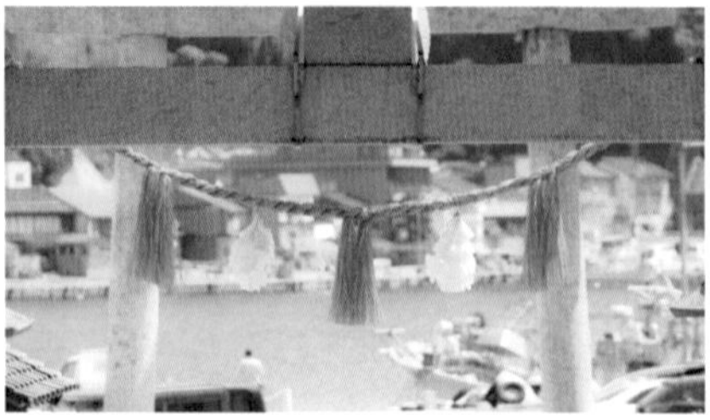

此地的動畫導演小野亮，以島根縣為舞台，創作了《秘密結社鷹之爪》一片，這個帶著無厘頭風格的動畫，造成轟動。而動畫主角吉田君，也被任命為「島根超級大使」，展開一系列的自詡行動。

二〇一一年，島根縣推出「自詡月曆」和「自詡桌曆」，每一頁都有「自詡之詩」，例如：恭喜東京申奧成功，而「我們每年都成功申辦神明大會」。自詡月曆爆紅之後，年年推陳出新，銷量從最初八百本成長到三萬本，地方知名度也隨之而提升。

島根縣採取非典型的模式，透過自我調侃引起廣大社會的關注，而後藉著可以在境內不期而遇的各式吉田君看板，不斷維繫並傳遞這樣的精神。

透過這種出奇制勝的方式來溝通，島根不再沒沒無聞，從因一座古老神社「出雲大社」被少數人認識，成為新興的地域品牌，引起年輕世代關注。而結果，也反應在日本近年大力推動的「移住計畫」上。

另一個例子，則是四國的高知縣。

高知縣同樣屬於知名度後段班的行政區，又因為高齡化嚴重，有「老人國」之稱。這樣沒有活力的地方，人口外移是必然，也成為大家眼中「好山好水好空氣，但了無生氣」的代表。這

島根縣是日本古文化的發源地之一，但因為沒有明顯的特色，在全國四十七都道府縣中，知名度曾經敬陪末座，還有許多日本人把它誤認為鄰近的「鳥取縣」。

樣的弱勢城市如何塑造地域品牌，從而逆勢反轉？

這一切，應該從挖掘地方DNA開始，也就是探索「地方到底有什麼特別的魅力？」

這是許多低知名度縣市或居民經常感到納悶的問題，我們真的有什麼嗎？不是又老又醜又無聊嗎？往往因為已經習以為常，所以對在地文化、歷史脈絡，都覺得不過爾爾。因此，高知縣是一個什麼樣的地方？問一百個高知人，每個人都會告訴你：「感覺沒什麼，硬要說也說不上來。」

就因為慣性，所謂的地方魅力，往往要從外人眼中才能略感一二。

高知的魅力DNA

熱情、好客、樂觀這些特點，是輾轉多方才挖掘出來的高知魅力，從此日漸拼湊出高知的特點與輪廓。高知不是什麼都沒有，而是有著猶如南島的特色，於是高知就從這點尋求突破。

另一方面，高知也必須挑戰吸引眾人關注。根據日本官方數字顯示，二十年後，全日本近千處市町村人煙將完全絕跡，高齡化居全日本第二的高知，能否改變這個命運？

二〇一四年，以「高知家」為名的地域品牌企劃展開了。

人性中的「熟悉生輕蔑」，不只是對「人」，對「地」亦然。全國知名度後段班的高知縣，雖然連本地人都覺得「好像沒什麼特別的」，但居民的熱情和好客程度，可是跟台灣人有得拚。

之所以命名為高知家，是期盼展現高知獨有的生活感，以及一股說不上來但日本少見的親切與好客態度，讓人感受到互為「大家族」的共同感。如同廣告宣傳所強調的，在高知，即使是第一次見面的人，也很容易打成一片，如此的天然熟，讓每回造訪彷彿老友重逢般，充滿醍醐味，進而讓人留下深刻印象。

此外，高知也選擇非典型的代言人，起用一位大姐型角色。而後隨著全國性的廣告曝光，創造了不錯的效果，讓高知這樣充滿地方性格的偏鄉，快速搶占國民的心占率。

在高知家的總體品牌企劃下，也陸續展開幾個小企劃，「高知家 ALL STARS」就是其中之一。

如何扭轉死氣沉沉的老人國印象？有沒有可能找出一群人，把他們打造成偶像團體般的地方明星？

高知開始舉辦選秀活動，從境內一千五百位老人當中，選出了五位銀髮素人，有船長、有退休公務人員；接下來，施以一系列的訓練，組成「爺-POP from 高知家 ALL STARS」的偶像團體，首支MV一上到

Youtube，就引起相當大的關注。他們透過載歌載舞的方式及樂曲的意涵，大聲告訴大家「高齡萬歲，高齡不是負面，整個高知縣七十三萬住民，都是一個生命共同體」。這個企劃再一次為過往鮮為人知的高知，打響知名度。

養育自己的熊本熊

除了整體性的地域品牌打造工程外，「地域吉祥物」也是強化地方印象的重要武器。眾所周知的九州熊本熊，就是一個典型的成功角色。

地域吉祥物的選擇及塑造，重點往往不只於造型及個性，而在於是否用長期營運的角度，來思考它存在的策略目標及行動戰術等。如同日本吉祥物之母加納廣美所說：「地域吉祥物要成功，關鍵在於，要像養育小孩一樣的持續陪伴著他們。」也就是說，要讓吉祥物的活力精神及風格，感染在地人，也吸引在地人，成為人氣偶像，而後再透過縝密又結合地方特色的內涵，來為該地代言。

著名的「熊本紅色好吃企劃」，就是這樣的人氣事件。以「熊本熊的腮紅遺失了」為哏，引動民眾一起尋找，最終發現，那個紅已經融入熊本的農特產品之中，如番茄、馬肉、鯛魚，

堪稱史上最成功的地域吉祥物熊本熊，不僅在三年內為原本瀕臨破產的縣政府，創造超過一千兩百億日圓的產值，更讓熊本這個沒沒無聞的農業縣，搖身變成全日本最熱門的觀光勝地。

還有西瓜等。這樣將在地特色自然結合宣傳來創造印象的行銷，確實打響地域品牌，讓熊本不再只是許多人腦海中的遠方。

日本這一系列的地域品牌行動，目的是什麼？能不能藉此增強在地民眾的自信心，引起更多外地人好奇，讓離鄉背井的遊子或與地方曾經有所連結的人，都成為忠實的關係人口，即使不住在該地，也能透過實際行動來支持、參與地方發展？

因此，不管一地是否位於遠方，或者明明近在咫尺卻不受關注而如同他鄉，透過地方意識的覺醒、危機感的建立，而展開地域品牌的行動，讓人與人、人與地之間，產生更多互動與連結，從而有了維繫。關係有了漣漪，距離就不再是問題。

讓地域成為品牌，透過不同行動，讓人反思，讓人參與，讓人認識，原來台灣每一寸土地都有屬於自己的魅力，將是創生年代必須面對且努力的課題。

第二部

二地居的演化

文／林承毅

讓人的移動、資訊的流動、關係的串連、知識的交換，
打破地域、國界，甚至人與人之間無形的疆界。
讓經驗移入，觀念撞擊，讓想像力飛翔，
超越時空的限制，
「流動」終將成為地方創生路上，讓地方重拾希望的強心劑。

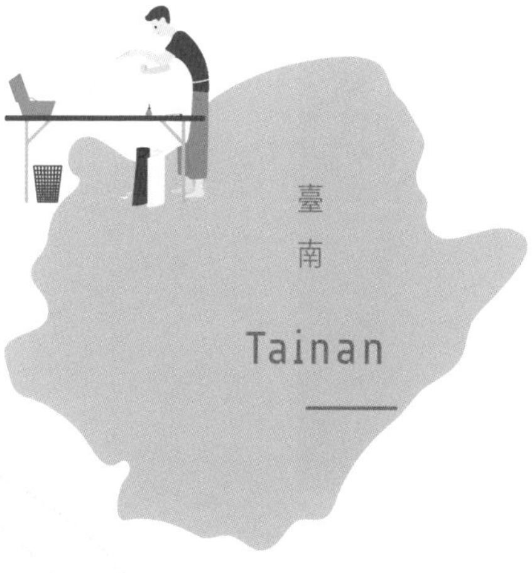

二之一

突破困局 尋找人地新關係

當高齡化、少子化成為現在進行式，人口負成長，是必然的警訊。

根據國發會於二〇二〇年八月發布的「中華民國人口推估（二〇二〇至二〇七〇年）」，由於Covid-19所帶來的多重影響，使得二〇二〇年的出生數將低於死亡數，總人口將轉呈負成長，比前次推估提前兩年。如果未來生育水準無法提升，人口負成長幅度將逐漸擴大，人口減少速度也將愈快。

此外，還有一個不能忽略的現象，就是城鄉之間的人口失衡。雖然首善之都台北市的人口數每年持續外流兩萬人，且流出人口移往新北市、桃園市的趨勢相當顯著，使得桃園市人口在過去五年成長了十五萬人；但整體而言，台灣的七成

人口集中在六都，仍是難以翻轉的現實。

許多地方鄉鎮，除了老人及小孩之外，其他年齡層人口急遽減少，這個現狀讓我們強烈意識到，所謂「地方消滅」，不再只是國際新聞中才會看到的名詞，更不是危言聳聽，而是一個真實的危機。在可以預期的未來，根據人口推估，台灣勞動力走向負成長只剩下十年的緩衝期，地方勞動力及居住人口真空化的問題，已是不可逆的趨勢。

想翻轉這樣的困境，必須吸引對地方懷抱依戀感的人，並讓他們與地方建立緊密的關係，展開二地居模式。

過程中將出現四種生活模

式，並且隨著人與地方的關係改變，而不斷演化。

創造人與地方的緣分

只要能建立連結、創造緣分，地方就可以發展出自己的「關係人口」。一地的關係人口，指的是對該地充滿依戀及歸屬感，但不居住在該地的人。

隨著關係人口對地方的涉入提升，定期或頻繁造訪增加，這種流動成為連結他們和城鄉之間的臍帶，就能引入創意，在地方注入活水，讓人與地方發展更進一步的關係。

一旦連繫更趨緊密，人與地方的關係將可能從質變走到量變，甚至許下承諾，進化為二地居的新模式。這種新關係，使得他們不再是過客，甚至因為定期或連續居住，成為地方的一份子。兩地工作，兩地生活，雖然過程仍是一種流動的狀態，但也醞釀了移住的新可能。

無論是居住在城市但往來城鄉之間的關係人口，或是逐步將重心移往地方，展開二地居的模式，甚至最終成為地方新住民，這些以移住為目標、以地方交往為目的的未來創生模式，不僅解決了地方勞動力的問題，也讓人們打開對於居住與生活實踐的新想像。當流動成為日常，看似缺乏生機的地方，將因

而復甦，見證地方創生的新未來。

而在關係人口、兩地移動，到兩地貢獻、移住定居的過程中，各個階段將面臨什麼挑戰？又將得到哪些收穫及感動？醞釀了哪些發展的新契機？以下讓我們逐步解析這些屬於人與地方關係的新模式。

表：人地新關係的四個模式

四個模式可能是線性發展，如下表箭頭所示，也可能呈現迴圈式發展，流動到達某一階段時，實踐者將會重新確立自己與地方之間的關係，或許退回城市生活，但仍與地方保持密切連結。

	居住的狀態	與地方的連結方式
模式一：關係人口	住在城市，但定期或頻繁造訪地方	做為地方的支持
模式二：流動創生	住在城市，透過移動在地方短期居住	嘗試在地方展開副業
模式三：二地居	在城市與地方，兩地工作，兩地居住	實現地方思維、城市做法
模式四：移住定居	移居地方，成為地方的新住民與工作者	在地方落地生根，建立事業

二之二

模式一：關係人口

有一群人因為深愛這片土地，而對於該地的未來有強烈危機感，展開自發行動，並且以創造力及想像力為驅動源頭，這樣的深度連結及積極行動，將讓地方活絡起來。因此，未來必須重新審視人與地方的連結。

《東北食通信》（東北食べる通信）創辦人高橋博之曾經提出「故鄉難民」（ふるさと難民）的概念，他將生於都市、長於都市，與鄉下關係薄弱的人們，定義為「故鄉難民」，並創辦了日本第一部附食材情報誌《東北食通信》，企圖引發人們對產地的興趣。持續關心地方生活的日本雜誌《SOTOKOTO》（ソトコト）也曾探討，有很多人努力尋找一個「想在那裡生活的地方」，但礙於移住的困難，只好在能力所及的範圍內，用自己的方法連結生活和喜愛的地方。這類自發的連結模式相當多元，並且可以創造很大的力量，可視為關係人口的濫觴。

此外，明治大學教授小田切德美、梳理島根縣案例的作家田中輝美，也分別描繪了人與地方之間的移住階段性，因而逐

漸建構關係人口論述，影響日本整體的政策發展。

日本內閣府「解決地方人口減少」的創生戰略也指出，透過旅遊拜訪而來的交流人口，可以創造消費，但長期而言，他們不足以凝聚地方，創造永續發展；而長期定居的人，又需要時間醞釀，難以快速增長，因此不妨聚焦在另一群人——介於旅人與居民之間，與地方關係緊密，能創造更大的影響力與貢獻。這種極具潛力的新分眾，也就是所謂的關係人口。

這一群人的狀態介於「觀光客以上，居住者未滿」的區間，他們通常不會常駐在地方，但因過往的經驗，而與地方有地緣、血緣或親緣等連結，產生無形的情感寄託、關心及有形的行動投入參與。這個群體的人數不會太多，但黏著度高，可以說是地方未來需要積極開發、好好經營的新社群。

以消費紓解思鄉之情

關係人口可說是新的人口分層，可以這樣定義：

熱愛某個特定地方的一群人，平時住在城市中，但在過去與該地方有所連結，因而存有深厚的緣分，使得他們在日常生活中，主動透過不同方式，與這個他們所思念、依戀的地方，持續保有互動並積極參與該地方的相關活動。他們會從憧憬、嚮

讓流動成為日常，缺乏生機的地方就能洋溢復甦的空氣。這裡指的流動，絕非走馬看花的觀光客，而是極具潛力的關係人口，如何吸引這群為數不多的關係人口持續深化與地方的連結，更深度投入地方創生事務，將是決勝關鍵。

往，轉換為行動，支持地方，甚至視該地方為他們的第二故鄉。而且，他們會因為這樣的持續行動，而萌生幸福感及滿足感。

從這樣的角度也才能夠理解，在後疫情時代，因為非預期狀態無法造訪該地而展開的補償行為。例如，以往每年要來台灣旅行多趟的日本粉絲們，如今改用購買台灣香蕉、芒果，甚至便利商店中以台灣為號召的商品，來紓解「思鄉之情」。而在台灣，每年高達五百萬人次的赴日旅遊無法成行，一些腦筋動得快的日系飯店，就推出一日全程日式服務，讓人宛如身在日本的「偽日本旅行」。這樣的行動背後，就展現出關係人口對第二故鄉的深度依戀。

打造忠誠度高的粉絲

根據田中輝美針對島根縣所做的研究，關係人口與地方之間的關係，通常可分為五個階段。

第一階段是「對地方開始感到興趣」，產生好感，開始主動關注。

第二階段為「對地方存有依戀感」，也就是看到、聽到該地的報導會產生幸福感。

第三階段則是「經常有意往來該地點」，除了參與相關活動，並經常造訪，一有機會就去走走。

而在關係深厚之後，會轉到第四階段「積極進行雙向交流」，從被動轉為主動，並積極於所在城市為鍾愛的第二故鄉做些事。

最後，當條件俱足，就可能進入第五階段「以該地作為重要據點」，可能是二地居，也可能正式成為地方的新住民。

這樣的歷程表現了人與地方的關係培養進程，並追求永續的長久關係。

到底，關係人口能為地方帶來什麼積極效應？

誠如知名社區設計師山崎亮在執行家島計畫後的感慨：「不是打造出讓一百萬人只來訪一次的島嶼，而是要規劃出能讓一萬人造訪一百次的島嶼。」這個概念也隱含了經營關係人口的思維——吸引一百萬個觀光客到地方進行一次遊覽，縱使會創造一些消費行為，但總因連結不夠深刻，在走馬看花之後就難以延續。與其如此，不如積極連結有深度關聯的群眾，也許只是小眾，但他們的忠誠度高、參與度深，反而能為地方開創新價值。

這樣的模式對於資源比較不足的地方，尤其適合。在某種

二〇二〇年因疫情導致交流受阻，媒體報導在熱愛台灣旅遊的日本人當中，甚至出現了「台灣LOSS」現象，指的就是因無法來台旅行所致的失落感。

程度上，這群關係人口就是該地的迷哥迷姐，或可用粉絲來形容。如果能加強經營思維，持續維繫及營運，讓這股力量為地方帶來資金、人脈、消費、智慧等積極貢獻，並一步步強化彼此關係，也許有一天他們就會舉家搬遷，成為地方的一員。

關係人口拓展術

一地的關係人口建立，鮮少出於自然而然，而需要透過各種不同的方式來連結。關於關係人口的推動戰術，我從過往對於日本地方的觀察，歸納以下十個策略：

1. 地方物產展

常逛百貨公司的人，應該都對來自日本各地的物產展不陌生。舉例來說，只要你造訪過北海道，之後看到北海道物產展，就會喚醒你的美好記憶。也許賣場內販售的物產價格，是當地的數倍，但是小額消費品嚐懷念的冰淇淋或巧克力，將加深你對北海道的情感，並隱約提醒你，緣分之地正召喚你歸來。

因此，這類日本地方物產展除了負有打開通路、接觸國外消費者的使命之外，某種程度上也扮演了弱連結的發動機，若可配合舉辦講座活動，更能確立原本的連結。但這樣的活動，通常需要持續舉辦才能收效。

想要建立深厚的關係，沒有你想的那麼難，卻也沒有你想的那麼容易。他山之石，足以借鏡。日本各地對於推展關係人口的各種戰術，值得我們參考效法。

2.地方宣傳報

我因為過往的工作，與日本南九州的宮崎縣有深厚的連結，因此一直定期收到從宮崎縣寄來的宣傳報紙。當然，上頭的內容主要記載過往一季或半年的當地要聞，不見得是我所關心的事物，但透過這樣的定期發送，可以看見地方政府的誠意，把握與每一位可能的關係人口交往的機會。

3.首都天線店

如果你造訪位於東京市區的銀座或日本橋，應該會留意到散落在周邊商店街上，含有日本各地特色並帶有設計感與風格的商店。那只是販售地方物產的一般商店嗎？其實不然，它們被稱為天線店（Antenna shop），這些店所做的，比一般商店更多。

如果把日本的四十七個自治體（都道府縣）視為一個個的國家，那麼每一家來自不同自治體的天線店，就猶如進駐首都的各國大使館。每一家天線店為了表現自己城市的魅力，通常會請家鄉的知名設計師、建築師來精心施作，力求讓可能僅有一面之緣的訪客，感受到地方的獨特性。

商店的一樓通常規劃為物產展示間，

販售生鮮熟食與各式乾貨，可以滿足原先居住在周邊的居民，甚至居住在首都圈的關係人口，以撫慰他們的思鄉之情。二、三樓多半是地方知名餐廳所開設的分店，讓每一位訪客可以吃到該地方的特色美食，例如宮崎縣的地頭雞料理，或是廣島縣的牡蠣與廣島燒等。另外，天線店中也經常會設計一處可供交誼、舉辦活動並提供移住等相關資料的場所。

首都天線店的設置，背後其實蘊藏多重涵義。首先，它猶如地方派駐首都的大使館，提供地方的相關資訊，讓居住在首都圈的人們在此與地方進行第一次接觸。其次，透過精心打造的場所氛圍，打響地方的品牌知名度與價值感。最後，則是透過在地食材與獨特料理等地方美食，來連結關係人口。

總體來說，天線店表面上看似是一般商店，但被賦予多重的使命與意義。

4.《食通信》與地方誌

隨著二〇一一年三一一地震災後復興，結合刊物出版與食材宅配的日本《食通信》，還有流行於台日的各式地方誌，紛紛出現。這些刊物發行的目的，都是期待透過採訪與報導，有效傳遞地方的DNA與魅力。

例如，《食通信》主要希望讓產地和餐桌產生連結，報導

食材及生產者的故事，讓人們透過購買與體驗來表達支持；而地方誌的風潮，則是讓人開始反思歷史記憶、生活紋理的重要性，並持續以圖文報導維繫與地方的關係。這也是這類看似小眾但獨特的地方誌，在紙本出版困難的情況下，仍佔有一席之地的主因。

5. 故鄉稅

為解決地方財政稅收不足的困境，二〇〇八年，日本在出身東北秋田縣、時任職總務大臣的菅義偉主導下，實施了名為「故鄉稅」（ふるさと納稅）的制度。這個制度讓民眾繳稅時，可以選擇將部分稅金捐給特定地方政府，表示對緣分之地的支持，而地方政府則會回饋相當的謝禮，可說是一個立意良好且意義深遠的制度。

可惜，推動十幾年之後，因為各地方爭奪資源，而略為扭曲了原先的用意。例如，某些地方為求吸引力，提供了與在地沒太大關聯的產品作為饋贈。另外，擁有豐富物產的地方受惠於這樣的制度，募到許多資金，而財源充裕後又大興土木，投入看得見的硬體，這樣的效果令人堪慮。

但回過頭來說，故鄉稅最早的制度設計確實可以連結地方與關係人口。雖然台灣因稅制的關係，短期內較難仿效，但它

古人說「民以食為天」，食物不只是生存之必需，更牽起人與土地的緊密連結。如今，更是吸引都市人對地方產生興趣的有力誘因之一。

的背後有很強的群眾募資精神，因此，如何善用台灣人對於群眾募資的熟悉與支持公益行動的熱情，來強化人與地之間的連結，也是值得深思並投入的方向。

6.山村留學

日本所謂的「山村留學」，指的是居住在東京、大阪等都會區的家庭，讓子弟離開城市舒適圈，前往陌生偏鄉的機構，透過在自然山林中的學習，培養成熟的品格及獨立自主的精神。山村留學多半在中小學階段進行，通常時間長達數個月或數年，最早是從一九七六年長野縣舊八坂村開始。近期最知名的例子是島根縣海士町隱岐島前高校，東京一流企業主管紛紛將孩子送往該校就學。

位於關東茨城縣西部人口兩萬人不到的境町，則是善用故

鄉稅資源聘請了十七位菲律賓籍教師，設立完全英文學校，打響了全國知名度，移入人口在數年內逆轉。該地透過吸引孩童就學，帶動青壯家庭展開二地居，甚至移住。雖然此模式影響人口數量不大，但確實是以教育翻轉在地的扎實戰術。

如今，日本許多地方政府都將山村留學方案，視為增加交流人口、甚至移住人口的有效辦法。台灣也是如此，在許多偏鄉地區，諸如新竹尖石、台東土坂、屏東三地門等，近年都開始發展實驗教育，期盼藉此強化競爭力、活化在地。

7.地方品牌企劃

我在關注日本地方發展的同時，經常對日本各地設計精美、互動性超棒的網站，還有許多兼具美感與創新的企劃感到折服，為什麼日本隨處可見這些有意義又不失質感的點子呢？確實日本對於地方品牌打造，還有連結關係人口的企劃力，下了一番苦心。

例如，日本職業棒球隊廣島鯉魚隊與宮崎縣日南市的油津車站合作，打造屬於鯉魚球迷認同的場所。還有三重縣設置虛擬的「度會縣」網站，用歷史地名來喚醒離鄉遊子的深刻記憶，甚至二〇一四年「高知家」的宣傳企劃、岩手縣推出的如同遠距離戀愛般往來兩地工作的「遠戀複業課」，都是強化人與地

現代家庭孩子生得少，家長更加重視子女的教育。日本各地以實驗教育、創新教育，吸引來自都市的交流人口、移住人口的策略，亦十分值得台灣參考。

方關係的創意企劃。

8.展覽講座

一地之精彩，如何從當地跨出國境之外？過去幾年，我有機會協助並參與日台間的多項交流，包括自二〇一四年冬天開始，串起台灣及九州關係的「台灣塾」。這個活動嘗試搭建跨國的平台，讓兩地夥伴交流互訪，建立深度的連結。三年後，這項行動促成了宮崎當地的一群朋友，把對於台灣的熱愛化為行動，共同舉辦台灣文化祭，讓兩地的住民真正成為彼此的關係人口。

同樣在宮崎，三年前我曾參加一場餐會，餐會主角是竹島的大名筍。竹島是位於鹿兒島縣海邊、人口不到百人的小島，盛產高級食材大名筍。這場餐會在宮崎一家擅長創作料理的餐廳舉辦，目的是打響竹島的知名度，因此與其說是邀請人們來用餐，不如說是帶領與會者認識這座一輩子都不見得有機會認識的島嶼。島上的人、物產、風土，透過影片和在地職人、主持人與產業顧問的穿針引線，搭配令人回味無窮的獨特料理，讓人們在結束之後，仍對於這個地方念念不忘，甚至期待前往，去看看何謂奇蹟的竹筍？

因此，只要經過精心設計，並且帶有深刻意義的活動，也能帶來強大的關係人口連結效應。

建立地方品牌、舉辦別出心裁的特色活動、打造迷人的吉祥物，都是能吸引外地、甚至是外國人對地方產生興趣和連結的好方法。然而這些舉措，需要非常強大的企劃力，才不會流於形式。

9.地方吉祥物：熊本熊、蜜柑君

在日本，可愛的吉祥物不只深受小朋友喜愛，也十分吸引大人的目光。在地吉祥物的存在就是為了傳遞地方的真實與魅力，吸引人們造訪。就如同大家所熟悉的熊本熊或蜜柑犬，都是超人氣的代言大使，讓即使不是那麼熟悉該地的民眾，都會因為他們的可愛有趣而增加認知度，甚至期待前往當地，與他們相遇。當然他們有時也會跨縣市、甚至跨海走跳，讓原本冰冷的地方形象，頓時活靈活現起來。

打造火紅的地方吉祥物，儼然成為台日縣市亟欲投入的專案，但看似容易，其實需要花費相當大的心力與耐心，才能讓他們的形象深入人心。重點在於，如何引人注目，讓這個代言人成為大家期待相遇的對象。

10.地域振興協力隊

日本在二〇〇八年建立地域振興協力隊制度，試圖以政策補助的方式，把對地方有所期待的年輕世代集合起來。給年輕人與地方一個機會，最多三年的時間，從中思索自己與地方是否擁有共同的未來。

根據統計，日本已透過這個制度讓七千多名年輕人來到地方，而且其中有超過七成的年輕人留下來。我就在四國的愛媛

縣看過成功的案例。一位年輕顧問，為了追求美好生活，舉家住在人煙稀少的島嶼上，在參與協力隊的過程中，因為對在地的風土有了更深入的認識，而選擇以添加在地柑橘酵素的歐式麵包做為創業的起點。

即使有些人後來沒有留在地方，但是過程所獲得的經驗，也會化為養分，隨著他們到其他地方而成長茁壯。這樣的串連者，也必然是重要的地方關係人口。

台灣雖然還沒有類似地域振興協力隊的制度，卻有許多計畫傳遞了相同精神，包含文化部的青年村落文化行動計畫、原民村落文化發展計畫、農委會水保局的洄游農村計畫，以及教育部青年發展署的青年社區參與行動 2.0 Changemaker 計畫等。這些計畫背後，也是期盼支持青年，帶著熱情與專業返鄉，為自己深愛的土地帶來改變。

身居城市，心向地方，關係人口就是一個這樣的人口分層。這個名詞的背後蘊含一個可期的機會，尤其是在這個非常時代，地方需要回頭思索，如何縮減人與土地之間的隔閡，並且以地方風格及獨特的生活型態為核心，打造更深刻的連結。

各地方都應積極開發「觀光客以上，居住者未滿」的關係人口，即使最終未能成為住民，人與地方的連結都會化為養分，為地方帶來無限的可能和改變。

二之三

模式二：流動在兩地之間

人與鍾情之地的關係進程，可以分為「產生認知、進行確認、感到興趣、心靈嚮往、產生依戀、形成認同，最後展開積極行動」等數個階段，這個過程看似是線性發展，其實是迴圈式的連結關係，而且每個階段之間都有尚待克服的難題。

一群人因為生活必須留在城市，內心卻對遠方產生憧憬，這群關係人口如何與他們的夢想之地連結？

「我很有心，但現實狀況不允許」、「我好想做，但不知道如何著手」、「我有能力為故鄉做點什麼」，或是「看著心愛之地產生改變，我很開心，心裡有股衝動，想跳下去參與」……，這些都是關係人口內心時常浮現的心聲。

人的流動，讓地方動起來

這些話語流露出許多不確定，少了點決心，還有過多的自我懷疑與不置可否。其實，從心裡支持轉化為實際行動，沒有想像中那麼困難。如果有充分的時空條件配合，他們也會開始遊走兩地，即使是移動或暫留，都會讓人以及地方，因此充滿

了深刻的意義。

過往，到城市就學後順勢就業、定居，對多數人而言，是理所當然的線性人生。然而，隨著城市有形無形的生存壓力，加上社會價值觀的蛻變，以及地方的魅力開始被看見，返鄉重新成為一種可能。但是這對青年而言，會不會是一場需要賭上未來，如零和遊戲般的冒險？

所幸，台灣不大。藉著高鐵、公路的交通之便，即使從台灣頭到台灣尾，一天都可從容來回。而所謂的城鄉差距雖然存在，但沒有想像中巨大。因此，選擇返鄉作為志向，並不代表從此與城市隔離。當流動成為日常，許多的可能性都會同步湧現。大家會明白，返鄉不見得只能種田、捕魚或是開店，任何人只要具有專業，有朝一日都能被地方所用。

透過流動所引動的更多可能，可以讓停滯的、沉寂的、蕭條的地方，轉動起來。

「異花授粉」的創生行動

如果要給「流動創生」一個簡單的定義，這個定義的核心概念在於，如何以交流為核心，以關係為目的，以移動為手段，展開「異花授粉」的實踐行動，就像蜜蜂一般到處飛舞採蜜，

過程中，也把不同地方的消息傳播出去。

地方之所以走向蕭條、消滅，關鍵不在於有沒有產業，因為許多地方即使有產業，依舊沒有人願意留下。重點在於，地方是否讓人感覺「被需要」、「被關注」，甚至是否有依戀的感受與停留的理由。從這個維度切入更可以知道，地方創生的焦點不只是拚經濟，而是需要引動更多的流動性，讓人樂意回來；讓專業進得來，讓資訊出得去，讓地方被嚮往、被需要。因此，如何創造更多機會，讓每一個看似沒有希望的地方，成為被討論、被需要、充滿希望之地，這就是流動創生的意義。

流動的本質是擴大接觸層面，徹底打破地方的閉鎖性，因此，流動創生所在意的，不是過往念茲在茲的到訪人數，那是過時的觀光思維，而更重視交流品質及背後所體現的社會影響力，尤其是否能保有持續性、雙向性、開放性及正常化等特色。

風型人與土型人

雖然隨著人群流動頻繁，必然會對地方性帶來威脅及挑戰，也許地方就此不再那麼純粹、傳統、在地。然而，台灣不就是一座移民島國，四百年來每每上演這樣的歷程？去脈絡化、再脈絡化，破與立，新與舊，這個接納與包容的動態過程，就是

返鄉不見得只能種田、捕魚或開店，專業可以帶來無限可能，讓停滯蕭條的地方綻放活力光芒。

文化滋養與成長的利基。

當住在城市裡的關係人口，終於鼓起勇氣，試圖淺嘗地方實踐的滋味，通常一開始會面臨許多質疑。諸如：「你們這群都市人，是純粹想來『沾醬油』嗎？」「你們不住在這裡，沒有長期蹲點，能為地方做什麼？」

面對這些質問，人們往往會退回原點，不斷懷疑自己與自己的定位：「自己的計畫是可行的嗎？」「這是可以前進的方向嗎？」

在這個脈絡底下，我嘗試發展出「創生風土人論」。這個概念與構思受兩位日本學者的啟發，他們是經典著作《風土》一書的作者、哲學家和辻哲郎，以及曾經在三十年前詮釋風土論，提出〈風土會創立宣言〉的農學家玉井袈裟男。

這個論述源起於「風」與「土」兩元素的演繹。來無影去無蹤的風，總會讓人感受到它的存在，但又捉摸不定；樸質無華的土雖然毫不起眼，卻是頂天立地的扎實基礎。用風、土這兩個元素比擬創生時代為地方努力的人們，實在是貼切無比。相較於過往推動社區總體營造時期，較重視團隊的內聚性及產出對於成員的意義，透過風與土兩種類型的對比，更能體現如今地方活化行動所需要的開放態度。

接著，讓我們來定義地方創生範疇下的風與土兩種人。

首先，風型人原本並不屬於地方，或與地方有些許距離，但他們受到地方的召喚，從關係人口，進化成為流動創生的行動者。通常他們不僅是專業工作者，更懷抱熱情與文化情懷，擁有獨特觀點，並能覺察地方魅力，善於透過不同模式進行內容詮釋。

風型人往往圍繞在地方實踐者的周邊，成為這些實踐者的支持系統，透過一次又一次的造訪，持續在地方投入，成為他們最親密、也是最有力的助拳人。

風型人的專業及能力，經常超乎你我的想像，他們能夠海納百川感召更多關係人口投入活化地方的行動，而這也是未來急需開發、爭取的對象。風型人的定義如下：

「從既有地方之外，乘著風，抱持著理想而來。帶著新奇的事物、消息、人、意識而來，同時也反向對外散布訊息，因而成為擾動區域內凝結且停滯不動空氣的發動機。」

其次，土型人就是我們過往所熟悉的第一線地方實踐者。三年投入，五年蹲點，十年磨一劍，在同一個戰鬥位置上持續扎根、茁壯。從一開始的青澀、生嫩，到被理解、接納，最後獲得認同、支持，創造一番支撐在地的事業。因此，我們形容這一群

追求觀光客的數量，已是過時的思維，地方創生時代更重視交流品質，以及在那背後可以引爆的社會影響力。

人，對於地方懷抱著如同愛情一般的濃烈關係，願意對地方做出承諾，展開扎扎實實、兢兢業業的行動。土型人的概念，可收攏為以下定義：

「腳踏實地在地方默默耕耘著，從基礎扎根，投入如養育生命一般的實業。」

關於風型人及土型人，兩類人可說缺一不可。

在論述流動創生時，我期盼更多人意識到，每個人都可能是帶著不同專業來主動貢獻地方的風型人。他也許是短期、多次、固定或不固定往來地方，但為地方注入活水，也開啟更多的創新可能，地方因此得以構建「風土軍團」，透過兩種人交互實踐與合作，迸發更多靈感及能量。這個模式打破過往的土法煉鋼，讓專業分工可以落實，也建立多元參與的可能，讓地方實踐工作，不再專屬於特定人。

來自城市的助拳者

最後，看似以「去脈絡化」方式介入地方的風型人，在實踐過程中，必然需要土型人的協助，深入在地，進而「再脈絡化」。他們也因為與地方保持若即若離的動態關係，而延展出更大彈性，時而介入，時而旁觀，可能自己出手，抑或帶入跨

想要活化地方，為地方注入活力的風型人，和深入在地土型人，兩者合作無間，可讓專業進得來、讓資訊出得去、讓地方被嚮往被需要。

界能量。這種強力擾動的實驗精神，正是行動的終極價值。

過往穿梭於城鄉為地方注入能量者，多半限於某部分的專業人士、地方顧問、設計師、文案企劃、廣告業者等，未來，這些可能性將大幅度打開。

近年來的日本，因為工作模式的鬆綁及多元發展，而出現「故鄉副業」或稱為「地方副業」的新人力支援模式。許多平日在城市上班的人，開始運用週末假日，甚至用自己的特休假，帶著興趣或專業前往地方，發揮價值，不僅能夠紓解平日工作所累積的慣性疲勞，也可以透過假日參與，開始和地方建立關係。也有一些城市裡的上班族，利用下班後的餘暇，活用自己的企劃力，協助地方籌設假日市集的攤位。他們與地方的關係，因為一次又一次的參與逐漸深化，而地方團隊或組織，也因為他們的助拳，把內容做得更到位。

期盼未來，台灣在軌道建設更為完備之後，更能藉由人群、資源、訊息的綿密互動，有效縮小城鄉之間的落差，讓關係人口有機會進入真實的場域，與地方協作，創造改變。也期盼未來，地方可以提供更多讓關係人口參與的機會，引入活水，才能振興永續。

二之四

模式三：二地生活，二地居

當更多不同類型的關係人口透過流動創生模式來到地方，他們過往對於地方的想像及依戀，有了機會轉為真實行動，並從中找到自我的價值，確立自身的想望，在接下來的人生階段可能展開更大膽的嶄新做法。

不過，要切斷與城市或原本居住地的連結，立刻移居地方，確實不是那麼容易的事情。畢竟返鄉或移居，不是買一張車票或在當地找一個住處而已，還包括如何調整自己，融入新環境，重新適應並建構新生活模式，整個過程充滿了生活壓力。甚至有國外的研究指出，搬家的生活壓力勝過於離婚，因為所要牽涉的範疇包含找新工作、現行工作的調派、與老家的距離，以及家人的安排等等。

因此，其中是否存在較具彈性的做法？

二地居就是在這個前提之下，具備折衷精神的漸進式做法。當然，這樣的模式可以推動，也得力於交通的便利、網路科技的發達，還有職場模式的轉變，讓現今的工作相較於以往更具

有彈性；另一方面，地方生活成本較低，以及對多元人力的需求，也是這個模式在當前得以展開的契機。

他鄉成故鄉

當流動的模式持續到一個階段，人將會重新確立他與地方之間的關係。

此時，確實會有一群人從粉紅泡泡中覺醒，發現他所理解的地方其實只是腦海裡美好的想像，他更適合城市。因此，他將開始調整與地方的關係，或許在此之後，維持利用週末假日前往貢獻一己之長。當然，也會有人選擇退回去，當一個忠實的關係人口，透過購買與造訪來表達自己的心意。

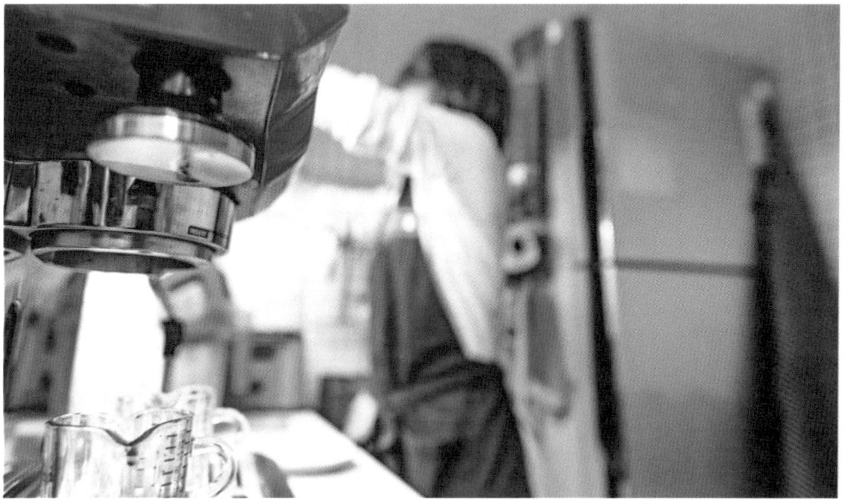

二地居，指的是兩地工作也兩地生活，與此前都市人在郊區購置度假屋，「一地工作、一地休閒」的方式不同。

然而，除此之外，也有一群重度上癮者，或說是緣分俱足者，期盼更深化與地方的關係，因此，二地居就自然成為連結地方的新模式。

一如狡兔有三窟，他開始從過往單一個據點，延伸到第二個據點，一城一鄉的生活就此展開。他將透過租賃或購買，在地方擁有家、辦公室，甚至事業。如以時間軸來說，也許一週三天在台北、四天在台南，一個月的一週半在台東、兩週半在台北。而這個階段與前一個階段最大的差異在於，二地居模式對地方負起更多的承諾，流動創生模式則多半停留在純粹的熱情或同情的層次。

二地居者將成為半個或另一個在地人，但因為一城一鄉的居住彈性，腦袋慢慢會同時具有兩種思維，可以從地方的角度來思考，也可以從城市人的觀念來判斷，當然也因為這樣的屬性，依舊保留了過往在城市中的人脈。

這個中間性格讓二地居者擁有「在地思維，城市做法」的特點，讓他未來所發展的產品與服務，更貼近於主流市場。

遠距工作的新模式

兩地工作、兩地生活，是一種全新的生活型態，吸引了嚮

人地關係若能從「關係人口」進展到「流動創生」，再進展到「二地居」，兩地工作、兩地生活的模式，不但可以深化人對地方的情感，還能確保實踐行動的彈性。

往多元生活的新人種。

在日本，許多科技產業或工作移動性高的新創業者，近幾年開始前往生活氣息濃烈、消費相對低廉的地方，設置第二辦公室，讓員工用登記的方式定期轉換工作地點，例如兩月東京、兩月德島，一月大阪、一月宮崎。

更遑論近年來日益增加的移動工作者，只要一台電腦，隨著心情與工作安排，可以活用地方友善平價的支持系統而往來多地，形成所謂的多點居生活，在一個月內移動於台北、福岡及長崎，兼顧工作、訪友及開拓市場。因此，可以預期，無論是受雇者或自雇者，未來都能在這個風氣逐漸打開之後，有更多實踐不同生活的可能性。

在遭逢Covid-19襲擊的二〇二〇年接下日本首相的菅義偉，上任之後就把活化鄉村列為首要任務。他期盼開啟更多可能性，因此預計在二〇二一年度撥出一千億日幣，鼓勵在東京的工作者選擇到鄉下從事遠距作業。有別於過往純粹的地方創生策略，日本政府在這次計畫中將撥出

一五〇億日幣，補助東京都會圈以外的地方政府，打造適合遠距工作的環境，例如，協助都會區企業在地方設立衛星辦公室或共享辦公室。尤其在現今通訊更為快捷的5G時代，更有條件打造遠距工作的環境，讓城鄉之間相互交融。

引動乘數效應，並要有彈性

此外，日本環境省也推出工作度假（Workation）的政策，鼓勵民眾到風景名勝區短居，這期間依舊可以遠距工作。

這些做法，都拓展了我們對於二地居實踐的想像及可能性。因此可以預期，這個模式將在未來的三、五年從日本擴散到台灣，成為解決地方勞動力不足、城市人口密集問題的一帖良藥。

要改變地方人口持續減少的現實，有許多難以反轉的限制，而最務實也最可行的做法，是增加人與地方接觸的頻率，引動更高的乘數效應。在面對地方消失的危機時，更必須善用彈性與折衷性，找到對於城市、地方與人最有利的做法，從而創造嶄新的生活模式。

二地居，一方面可以重拾人對地方的依戀，讓人與地方之間的關係，更為緊密；另一方面又保留彈性，蘊含更多可能性，因而，極有潛力成為連結城鄉、讓地方再生的新模式。

模式四：移居新故鄉

為了解決地方人口減少、老化的問題，如何透過移居達到人口均衡，是地方創生論述中不斷被提起，並衡量成敗的關鍵指標之一。

在日本，除了東京以外的近一七〇〇個市町村大小自治體，過去幾年間念茲在茲的，就是如何有效吸引更多人口移居，特別是最具即戰力的年輕家庭。

因此，日本投入了相當龐大的補助金，包含設立一站式的服務窗口、招募地域振興協力隊、在東京銀座設置地方天線店，以招攬城市的關係人口；或是透過各式精美有趣的企劃創造吸睛效果，引人前往地方試住。

但要吸引人，甚至家庭願意前往定居，真的有那麼容易嗎？

回顧過往的年代，生活被視為次要，一切以工作優先，只要有好工作，其他條件都可犧牲，「反正搬過去再適應就好」，但當前人們的需求及渴望，相較於過去已有相當顯著的不同。

到地方定居，首要考量的範疇不外乎就是「三就」——就醫、就業、就學。雖然網路科技似乎在某種程度上可弭平差距，但城市與地方依舊存在許多有待跨越的鴻溝。除此之外，如何融入在地展開新生活，都是在移住過程中必然會面臨的挑戰。

移居，大不易

因此，如何有效建構在地支持系統？如何讓地方的公私部

門在地方振興的公約數之上並肩作戰？如何在地方軟硬體設施資源有限的情況下，提升生活品質？這些都是政策不能不留意的關鍵重點，也將在下一部詳細說明。

日本過去幾十年來的政策，不斷推出各式誘因，再加上多次面臨諸如三一一大地震這樣的極端災害，以及人們逐漸期盼到有乾淨食物、生活型態較安適、社會壓力較低的地方，開啟相對有品質的新生活，在距離及生活條件的考量之下，四國、九州及中部地區，成為首都圈四千萬人移住的首選。

當然，隨著地方流動的人口增加，因為二地居等不同模式而來的人，在與地方建立更深厚的緣分之後，移居地方變成更為自然的生活狀態。而地方因為這些生力軍的加入，讓早已奄奄一息的地方發展協會，可能迎來二十五歲的總幹事，憑著衝勁與故鄉愛，引入活水。商店街開始有了生氣，也間接撼動在地人，重新找回過往的光榮感。

這樣的情景並非一蹴可幾，而要在一定的緣分之下，加上先前的醞釀，才可能產生。因此，移居的歷程急不得，一方面，移居者需要一段循序漸進的發展歷程；另一方面，地方也存在著獨特的地方性格，貿然引入過多的外來人口，容易產生不必要的誤會及衝突。但總體來說，移居地方確實是地方創生長期

死氣沉沉的地方，若能吸引外來人口舉家移入，在此安居樂業，看似重振地域的最佳解方，然而過度移入可能對當地造成意外的副作用，想讓人下定決心搬來，更非一蹴可幾的易事。

策略的終點。

當然，人與地方之間的關係，跟隨著自身的緣分，終究存在著流動性，不必然是線性關係。過程有點像在與地方培養感情，談一場不見得有結果，但是有故事的愛情。

移居地方，看似是地方創生的美好結尾，然而，大量移居就未必如此。我在台北演講時，會請聽眾思考，如果居住都會區的人口有一半都移住地方，就代表地方圓滿？創生成功了嗎？

答案可能是否定的。

因為過度移居，反而可能造成另一個意想不到的浩劫——地方縉紳化（Gentrification），也就是說，一個老區域因為都市更新、重建，吸引了大量都會的中產階級或富裕階級進入，使得該地的租金或房價攀升，在地弱勢居民不得不遷出或離開，最終落入「城不成城，鄉也不成鄉」的窘境。

因此，台灣除了推動青年返鄉之外，下一步應該接續大力倡議移居地方嗎？

我覺得不盡然。畢竟台灣的面積大小、交通便利性，還有人與人之間的聯繫距離等，相較於日本都算十分方便，有可能實踐場域在新竹縣山區，但為了現實需求而居住在新竹市，也有可能實踐場域在台南市後壁，不過住在嘉義市區。

邁向創生生活圈

相對於地域生活圈，我們更應該思考「創生生活圈」。所謂的創生生活圈，是指結集以活化地方為主體思考的團隊，形成一個網狀的支持系統，互助共榮並彼此支援。

整體來說，用這個概念來看待人與地方之間的關係，才能透過更靈活的模式來活絡地方。當然，如果有朝一日，人能落到他真正喜愛的土地上生活，那絕對是安居樂業的最佳見證，不過在此之前，沒有必要大力推動移居，反而可以多留一些彈性空間，讓人與地方醞釀更多可能性。

當移居的嚮往始終存在心頭，接下來該做的，就是透過不同方式去嘗試與地方的關係，找到最適合自己的模式；而地方，也該做好準備，才能吸引這些勇敢的實踐者，真正落地安居，改變彼此的命運。

第三部

支持系統準備好了？

文／林承毅

要打贏這場看似不可逆的地方存活之戰，
支持系統是地方的強力後備，
尤其當我們期待透過流動來引入更多活水，
多方投入的網絡關係，
將是地方創生與二地居能否產生綜效的必要條件。

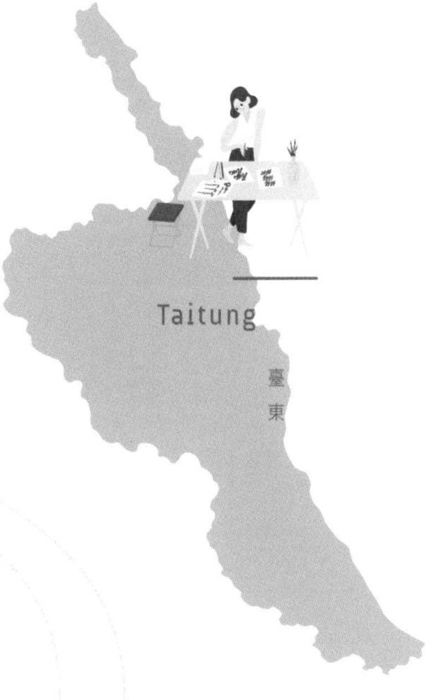

十六個挑戰 三之一

無論是二地居或移居，重點雖然在於人，關鍵卻是能否透過連結，串起一張可依靠的防護網。

返鄉、入鄉大不易，絕對不是單純買一張單程車票或下了很大的決心就可以，背後權衡及承載的重量是如此隱默卻龐大，無論如何大無畏，有志者還是難免擔心、疑惑，能否累積足夠的在地社會資本。

要讓他們更有信心，必須建構一道以人為核心、以生存為目的的在地支持系統，但是無論採取何種方式與故鄉靠近，都必須從整體層面打下深厚基礎。

因為長期擔任政府多項計畫評委及陪伴業師的緣故，我認識來自台灣各地的青年實踐團隊，也近身觀察多起個案的行動發展。當青年懷抱實踐熱情及社會責任，走向牽掛之地，展開各式不同的在地行動，隨著投入的階段及模式不同，將會遭遇不一樣的困境及問題，我歸納為返鄉實踐者的十六個挑戰。

分析返鄉者常見的階段困境，除了部分涉及專業性，可以

透過具有豐富實務經驗與理論基礎的業師，協助釐清問題、確立目標、擬定策略之外，還存在許多需要透過在地連結等陪伴方式來解決的問題，讓團隊更接地氣，讓地方DNA成為成長的動能與契機。

因此，該如何建構一個由下而上、成就在地實踐為基礎的地方支持系統，就成為極其重要的事。如果我們把目標放在更具實驗性及未來性的二地居模式，就更需要建構一個強而有力的支持系統，透過整合不同資源，喚醒不同利害關係人的責任，成為實踐地方創生的防護網。

地方的人群之間如何有效串聯、形成共識或協力奮鬥？公部門需要肩負什麼任務，制定怎樣的政策？民間企業又該承擔什麼角色？這些支持系統，將影響二地居是否能成為城鄉流動新模

表：返鄉實踐者常見的十六個挑戰

	初期課題		中後期挑戰
1	如何融入地方，建立在地人脈圈	9	下一步呢？
2	想返鄉卻不知可做、爭取什麼	10	紀律及自制力不足
3	找不到可一同成長的同路夥伴	11	地方勢力干擾
4	面對決策不知找誰諮詢	12	競合關係間抉擇
5	機會抉擇，理想及現實間徘徊	13	組織擴張速度
6	如何不在意外界及親友眼光	14	難尋適合的將才
7	經濟拮据，更感專業力不足	15	世代接班問題
8	投入後才發現認知差距	16	人生是否就這一條路

式。

英國詩人多恩（John Donne）在幾世紀之前留下這句膾炙人口的金句：「沒有人是一座孤島，擁有全部的自己。每個人都是這塊大地的一部分、主體的一份子。」（No man is an island, entire of itself; every man is a piece of the continent, a part of the main.）

如果以二〇二〇年為分界，從過去數十年到可預期的未來，勢必有更多人受到地方的召喚或因為不同契機，踏上與故鄉的連結之路。期盼在過程中，能建構一個以地方為核心、從生存永續的層面來思考的支持系統，讓來自不同面向的利害關係人，從各自的角度找尋投入的目的與意義。

三之二

解方一：互補共創，建立夥伴關係

無論採行何種模式，地方實踐者的多數時間，是獨自在台灣某個角落行動；即使是二地居模式，雖然因為流動性能為地方帶入更多新元素，但也因為停留時間較短，與在地人士交流的機會相對減少。

實踐者聯盟

遠水救不了近火，在看似平靜且緩慢的地方投入實踐，每天仍然有許多小劇場上演，顧問業師又無法時刻在身邊，如何是好？若能與在地人士建立強力的溝通，或有人適時提點、陪伴、給予支持與關懷，是新手能否熬過前幾年的重要關鍵。

其中，最有效及簡單的做法，就是從定期聚會開始。也許就從年紀相仿的幾個人開始，陸續集結有地緣相關性的夥伴，當中可能有資深人士、有新進夥伴；有從事農業、文化或商業的不同人才；有一線投入者，也有支援者，讓這一群人串連在一起，就仿如部落的青年會組織一般，各人經驗或許有多寡，但

彼此之間存在許多共通性，可以相互支持、凝聚群體。

如此，將捲動更多二地居人口的出現。因為返鄉、入鄉不再孤單，而是有一群朋友同行。從這裡開始，實踐者才可能從認識到串連，展開滾雪球效應。

每當到地方訪視，我都會問實踐者兩個問題，一個是「你們常跟其他團隊交流嗎？」另一個問題則是「這個地方有沒有青年固定聚集討論的地點？」

從這兩個問題的答案，可以看出實踐者互動的活絡與否。即使是不定期、不定點，在某個咖啡廳或某位夥伴的工作室，當人與人的連結展開，就能相互激勵、交換地方情報，提供重要的價值。可惜我聽到的答案，通常是因為忙碌或沒有人倡議，只有偶而臉書聯繫，實體活動不多。

當人與人愈常見面交流，就會開始思考一起做些什麼，或漸漸走向準組織化。而以「故鄉愛，地方情」為公約數，以年紀相仿、動能最強的青年為基礎，組織如「青年會」的團體，共同投入文化資源盤整、地域品牌爬梳，並嘗試解決地方問題，長遠而言，將形成地方實踐者的平台，成為地方的進步力量。

因為，基於愛鄉愛土、因榮譽而連結的關係，最純粹有力，而對於實踐二地居模式的人而言，透過這樣的組織甚至跨域聯

盟，可以逐步發展跨域的交陪關係，讓人跟人之間產生更強的羈絆，這樣的支持系統，就如同一個無形但具體存在的資源網絡。這也是二〇二〇年初，我與一群長期投入台灣地域實踐的好朋友共同倡議「台灣地域振興聯盟」的初心。

新的時代，必須以合作取代競爭，因為我們都在對抗一個名為「地方消滅」的共同敵人。

需要「土型人」，也需要「風型人」

為了創造城鄉均衡的可期未來，我在上一部說明了「創生風土人論」。

我們清楚知道，在台灣各地已經有一群相當努力的「土型人」，也就是我們指稱的一線地域實踐者，他們在地方蹲點，默默耕耘，成就如生命一般的志業。這樣的人，總是專注於當下的任務，疏於創造更多連結，當然也需要更多外援。

因此，這時候就需要「風型人」。風型人通常來自外地，他們不僅帶來新奇的事物、消息、人脈、意識與知識，在專業上提供協助，也擾動區域，帶來活水，並從不同眼光看到這個地方被埋沒的美好及獨到的風格，另一方面，他們也將反過來協助對外散布訊息，創造改變的契機。

新的時代，必須以合作取代競爭。當人與人愈常見面交流，即使是不定期、不定點的閒聊，都能互相激勵、交換地方情報、分享重要的價值，也可能開始思考「不如一起來做些什麼」，讓地方進步的力量，便能就此萌芽。

因為風型人的加入，地方更能被看見，而所創造的激盪效應，往往讓人耳目一新。

雖然土型人與風型人在本質上、屬性上，看似不同，一靜、一動，一專注、一串連，一打底、一擴散，但在實際的運作過程中，兩者角色也會因情況而轉換。也就是說，看起來必須長期駐地的土型人，可能因為科技的發展或網路的便利，轉而透過移動或二地居的方式來進行在地實踐；反過來，看似以透過移動創造價值的風型人，也能立基在地，但透過行動，在城鄉之間或在兩地之間穿針引線。

對於地方來說，兩者就是一種不同職能、角色配搭的支持系統，因此，唯有當土型人與風型人攜手合作，地方有更多樣性的人存在，才可能真正創生成功。

鼓勵頂級世代投入參與，扮演青銀協調者

近年來隨著政策引導、社會氛圍引動，似乎讓地方重新燃起希望的火苗，但是地方依然存在許多組織成員老齡化等問題，因此也讓人思索著，如何集結更大力量，讓「青銀合創」真正落實，成為台灣創生領域的驕傲。

在台灣，有一群年紀介於五十五歲至六十五歲之間、處於

投入地方創生，絕非年輕人的專利。有歷練、有專業、有人脈、有時間的頂級世代，更是振興地方不可或缺的有力援軍。

退休前後的中壯年人，他們經過二、三十年的職場歷練，擁有相當堅實的專業技能、人脈存摺，而且財富自由度高，因此往往在退休之後積極投入志工行列，或者開始雲遊四海，但總是將這些活動當成消遣或假日參與，較少積極投入的企圖心，這群人我們稱為「頂級世代」[1]（Premium age）。

頂級世代，又稱為三明治世代，向上需照顧長者，往下需幫扶青年，因此最合適扮演世代串連的協調者。因為他們的介入，能讓銀、青之間相互服務，成就支持系統；而財務、人脈、經驗上的優勢，也讓他們更有餘裕及充足信心，展開二地居的新生活模式。

因此，我們需要思考的是，能否幫助這群「頂級世代」找到使命感，讓他們成為青銀兩世代之間的中介者與協調者？

如果能就一城一鄉，鼓勵頂級世代參與地方創生，並召喚朋友一起來，藉著人脈的串流，讓關係人口介入，不僅帶入資源，引動更大的乘數效應，也能調和鼎鼐，讓世代不再對抗或陷入資源爭奪，將有效解決過往亟待克服的返鄉障礙，如世代價值觀差距、工作分配、權力關係。

1　日本用頂級世代（Premium age）來指壯年世代，在代官山的蔦屋書店讀者，就是這樣的族群。

三之三

解方二：政府攜手民間，強化基礎建設

「地方創生」這樣因應國家長期重要發展而起的重大政策，到底公部門應該扮演怎麼樣的角色？是因循過往模式，由政府繼續由上而下扮演火車頭？還是退到第二線當支持者，轉由民間或地方夥伴領銜主演？面對這一件事情，確實需要截然不同於以往的思維及手法。

相互理解，分進合擊

政府與民間，過往常因角色與立場不同，而出現一種以資源為中心、由上而下展開的垂直關係，而不是平行的協力模式。當政府要有效控管品質及績效，管理考核就成為必要程序。

也許彼此都是為了地方好，但是當你用短期量化績效要求我，我只能回報一次次的活動，創造一期一會般的璀璨榮景。也因此兩造經常有苦難言，甚至埋下千千結。

回顧日本多個經典案例，可以清楚知道，每一處都是歷經

想要成就美好的果實，公部門的思維應該與時俱進，扮演有別於以往的角色，成為地方創生實踐者的最佳後盾。

打底、醞釀、實踐，最終綻放自信光芒。其中關鍵就在於能否相互理解，為了成事而分進合擊。

舉例來說，地方存在許多待活化的文化資產，政府是要墨守陳規？還是從民間角度出發，以興利活化的思維來提供必要協助，讓空間重新被使用？只要觀念一轉，就能讓資產找回失落已久的場所精神。而這樣的美好結果要能成就，公部門願意彎腰虛心求教，理解地方的真正困難，成為民間及產業推動的力量；民間願意以地方復甦發動機的使命感，回報這樣的信任關係，兩個因素絕對缺一不可。

打造高品質的生活系統

大家經常說，同樣推動地方創生，台灣民間的力量，與日本相比可說有過之而無不及，人民熱情又抱以無限期待的投入改變，然而，日本有一項核心能耐，讓人無比羨慕，那就是城鄉基礎建設品質的一致性。這也讓我們回頭思考，為什麼台灣城鄉之間總是單向流動？某種程度上，起因於城鄉資源不均，尤其各式軟硬體建設落差很大。

當我們期盼移居、二地居成為一種選項，人們願意在城鄉之間流動，能否就從打造高品質的生活支持系統做起？城跟鄉

的不同，應該在於節奏、風土與文化，而不是資源的落差。

當各地基礎建設都能站在同一個起跑點，鄉之於城是一種小而美、小而充滿特色的存在，如此一來，大家才能依照喜歡的調性，選擇自己想久居的地方，而風型人也可以更安心的在城鄉之間來回，過著屬於自己的新興生活模式。

打造一處讓人安心居住的環境，有完善的生活支援、好的特色教育、穩定快速的寬頻、令人安心的醫療、方便移動的交通，還有優質的育兒、養老及

學習資源，這些確實是政府的責任，也是留鄉的關鍵決策點。

我就曾在日本見證過這樣的例子。

位於九州宮崎縣的日南市，人口在五萬上下，飽受人口移出的威脅。區域中的油津地區，過往因有港口的緣故，一度商業活動發達、人群聚集，近年來不僅商店街空洞化，整個區域更是一片死寂。在某個契機之下，一群地方實業家共同集資復甦這條街道，公部門也在這邊設置了以當地盛產杉木所製造的高品質育兒設施，這樣看似微不足道的資源，對於都市人來說，卻充滿無限的憧憬，反而成為移居的關鍵條件。

這個例子也告訴我們，細心打造好環境，將有效拉抬地方與提升人口，雖然決定移居的過程相當複雜，也絕非靠單一誘因就決定，但「唯有安居才得以樂業」是不變的邏輯。

當熱血青年前仆後繼展開地域實踐，而政府提供所需資源來扮演催化劑之外，如果還可以再著力，也許就是加速法規的檢視及更新。

加速法規更新的步伐

誠如我們所理解，過去兩、三年，國發會已經十分努力地調適相關法規，包含解決地方團隊在舉行在地小旅行時所面臨

的觀光法規問題、旅行業執照門檻過高、土地變更，乃至於旅行業營業處所等相關規定，都盡力協調，也取得一定程度的成效，未來能否在這樣的基礎之上，再加速法規更新的效率？

期盼能透過法規上的鬆綁，能適時地重新檢討因環境或科技改變，沒能與時俱進的法規項目，或者長期被既得利益者壟斷的議題；此外，隨著典範轉移及模式的日新月異，也必須強化以使用者為中心的思考。

當然，許多部會都有直接或間接對應性的標案或計畫，但無論是補助或委託類型，絕大多數仍以支持法人或組織為主。為了支持更多青年甚至頂級世代，能隨著政策的牽引展開不同的行動支持地方，政府有必要採取更進步的獎勵金模式，讓公部門資源成為實踐路上的重要養分及勇氣。

另一個重點則是，如何協助返鄉者制定一套發展路徑地圖，以協助有潛力、執行力並能創造影響力的個人及團隊，知道每一個階段應該具備什麼樣的軟硬實力，或可爭取的資源等，順利成為具有實力的地方型公司或社會型企業，並逐步扮演領頭羊角色；而政府也能在團隊發展的過程中，適時協助，尤其透過投資方式來參與、協助團隊成長，多管道積極投入，始能帶來更大的影響力。

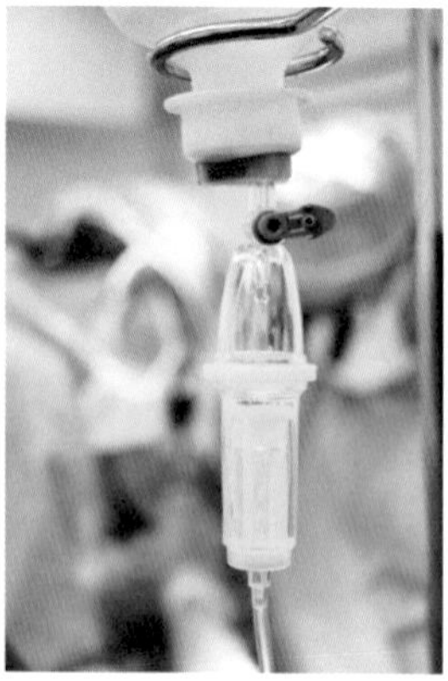

消弭城鄉資源的差距，是政府不可推諉的要務之一。一個地方若能擁有人民能安心居住的環境，完善的醫療、交通設施，優質的育兒、養老及學習資源，就有機會吸引都市人留鄉或移住，日本的成功案例值得我們參考。

三之四

解方三：讓地方型企業引動活化

除了公部門積極助拳，民間企業和團體更應該大步向前。無論個人或企業，都將隨著環境的改變及人群的移動，展開更前瞻的可能性，當然組織型態或許將產生極大的改變，但是隨著自由工作者的比例大幅提高，許多專業者不願意再進入組織，而期盼帶著專業游移在不同合作與區域當中。在這樣的情況之下，公司的定義及界限也隨之模糊。

再則，如果企業為追求永續，所提供的產品及服務與地方有強烈的連結，是不是更應該掌握這個難得的契機，積極投入這場千載難逢的地方崛起行動？

另外，專業分工的時代已經來臨，從不同的維度與視角，可以更精準細膩地發掘地方的美好，不僅如此，這種若即若離的距離，可以更大膽地擦亮地方的魅力。因此，當企業投入創生所引動的活化，將引領社會往前跨一大步。

近年來，企業在公民意識抬頭下，每年投注資源在企業社會責任（CSR）的實踐上，包含年度禮贈品採買、果樹認養、

相關次級品的贊助等，尤其透過支持特定社會議題或實踐團隊，來凸顯企業對該議題的同理與關懷，以回應社會的期待。

成為具備在地使命感的企業

這也讓我們不禁深思，擁有相對資源及購買實力的企業，能不能在現有的基礎之上，創造更大的連結及影響力？

地方型企業是未來的可行之路。也就是說，企業不僅止於採買、認養、贊助，更可以積極參與社會經營。例如，在蘇澳朝陽社區投入茶籽樹契作的本土洗沐浴品牌茶籽堂。

一開始，茶籽堂只是期盼找到合適的地方契作苦茶樹，以獲得高品質的原料進行加工生產。但是，在深入往來社區之後，他們發現，社區存在許多問題，包含人口老化、青壯人口外流等。如果要追求永續，力保產業在這裡持續發展，勢必要投注更多心力，除了與地方建立深度的夥伴關係，也應該關照更多議題，甚至成立一家具有高度社會意義的地方企業，引進新的資源及模式，讓地方展開新的發展契機。

這樣的思考，就如同義大利的橄欖油莊園或法國的香檳區葡萄酒廠一般，當企業與地方深度連結，脣齒相依，就能雙贏。

地方型企業的成立，確實是未來地方發展不可或缺的關鍵，

若是每一家企業都能懷抱這樣的心念，便能從具有使命感的地方型企業，進化為地方存在的強力支持系統。而二地居也提供了一種可能，讓企業的工作者自在往返兩地，從而建立不同的思考及視角。

提供流動性的工作環境

遠距工作的模式已在歐美國家盛行多年，尤其隨著網路發達，加上自由工作者比率日益提升，打破了人們對於工作就是要擠在一間辦公室的刻板印象。

尤其二〇二〇年全球各地遭逢 Covid-19 的強力襲擊，很多公司因而展開員工在家工作的體制；再加上 5G 時代來臨，超快速、不延遲的屬性，讓頻寬不穩、溝通品質不佳的擔心得到緩解，這些變化都更加確定遠距工作的可行性。

接下來，就是怎麼讓更多企業接受上班模式的改變？

在日本，許多地方透過空間的再創造，吸引自由工作者把地方當為第二基地。不僅如此，一些東京的科技公司更在地方建構第二基地，讓員工可以預約並自由排定時間，帶著電腦前往地方二地居。

德島縣的神山町就是一個絕佳的例子。來自東京的知名網

企業與地方連結的作為不僅止於採買、認養、贊助，更可以投入心力，與地方夥伴建立深度關係，力保產業持續發展，有效解決人口老化、青壯外移的問題。

路公司 Sansan，不僅在神山町建立基地，更大舉涉入地方創生事務，預計將與在地的綠谷公司（NPO Green Valley）共同投入神山高等專門學校的建置與營運。這樣一來，不僅員工能擁有兩地工作居住的生活型態，地方也因此注入了能量。這一切都來自於企業的觀念改變與制度調整。

這種因時代變遷而引起的微革命，將帶來許多改變，企業如何因應時局，鬆綁並調整上班模式，創造下一個變革契機？

試想，經過 Covid-19 的洗禮，在家工作的可能性更為真實，企業能不能允許員工一週進公司三天，另外兩天自由選擇地方上班？如果可行，人們就能帶著電腦，彈性移動到自己嚮往的地方，實踐二地居的新可能。

當然，改變的初期可能需要適應，也充滿不確定，但長期而言，企業或許也能創造了另一種工作誘因。而工作型態改變，勢必帶動生活方式改變，企業將成為造就城鄉連結的驅動因子，對後疫情時代的地方發展，帶來隱性卻重要的貢獻。

讓專業能量流動於城鄉之間

相對於城市，地方因產業、屬性、發展脈絡等多重緣故，一直不是眾人矚目的焦點。簡單地說，過往地方是大家熟知的

產地，著重在一級的生產和二級的加工，離主要消費市場有距離及隔閡；不僅如此，質樸的地方經常因人力及專業的限制，而以一條龍式來處理產業發展及觀光旅遊，最終結果就是無法完全展現地方魅力。

因此，如何藉由創生的概念和二地居的模式，讓過往多半存在於城市的專業能量，如設計、行銷、品牌、體驗、策略、宣傳等不可或缺的軟實力，協助地方，吸引這群專業者流動於城鄉之間，貢獻各自不同的才華。

走向體驗經濟的時代，產業發展及城市內涵應該被打開，讓地方成為一個令人嚮往的魅力品牌。其中關鍵，就在於企業能否勇於投資地方，共同預約一個翻轉式的改變？善用城市的人才，讓更多專業者不僅成為地方的關係人口，更能成為地方魅力的詮釋者、轉譯者及傳播者，地方才能重振競爭力。

第四部

燦爛的交會點

文／謝其濬

地方創生不是文青的專利，
歸巢的倦鳥、叱吒商場的企業家，人人都能為振興地域盡心力；
可以回去的「地方」，不只有家鄉，當兵去過的小鎮、出差造訪過的鄉村，
只要建立起人與地方之間的連結，處處都能是心之所向。
集合二地居光譜中，不同階段的角色，
分享他們在二地居過程中的心路歷程及故事。

從生態旅遊到林下經濟 讓山林和部落永續長存

屏東科技大學森林系教授 陳美惠
原鄉青年 柯信雄、唐佳豐

遼闊的鄉間田野，一望無際。

然而，原本應該是農忙的時節，田間卻只有一名老農夫彎腰工作。

看到這幅冷清寂寥的景象，開車經過的陳美惠，心中百感交集。

屏東科技大學森林系教授陳美惠，在台南麻豆的農村長大。她記憶中的農村景象，是綠稻田抽穗，碧水映天光，大人忙於農事，小孩在田野間奔跑。然而，這樣的畫面，現在幾乎已經看不到了。

各種環境污染，讓鄉村的自然風光不再，大量青年人口外移，不只勞動人力嚴重萎縮，家鄉的環境也缺乏新世代的守護，遭到更多破壞，形成惡性循環。

陳美惠因為出身自農村，深知農民的辛苦，因此從小就立志念農學院，後來也如願考上中興大學畜牧系，並通過高考取得公務員資格。然而，原本鑽研農業科技的她，目睹了因污染而傷痕累累的自然環境，決心轉而投入自然保育這個領域。

陳美惠擔任公職的第一份工作，是在當時屬於省政府教育廳管轄的南投鹿谷「鳳凰谷鳥園」當研究員，負責訓練解說志工、出版書籍、教育推廣，並且到各中小學進行環境教育宣導。

工作了幾年，為了提升自己在

保育方面的專業知識，陳美惠重返校園。她在台大攻讀博士學位，先念動物，後來改念森林，每週經常往返台北與鹿谷，工作、進修兩頭忙，但是陳美惠不以為苦。

一九九九年，台灣發生九二一大地震，鳳凰谷鳥園也是重災區，陳美惠的工作被迫中斷，她也因此停下腳步，重新思考如何推展環境保育。

透過社造推動生態保育

之前她在各中小學推動環境教育，努力扎根保育觀念，卻也感受到在地民眾的抗拒，特別是當生態保育跟經濟開發有所衝突時。由於社區總體營造的概念廣泛運用於地震災後重建，陳美惠認為，透過社造來推動生態保育，或許是可行之道。於是她請調到文建會（文化部前身），學習社區營造的運作方式。

在文建會任職半年多，由於林務局保育科急需具備保育專長的人才，在台大生態學與演化生物學研究所教授林曜松推薦下，陳美惠來到了林

務局，開始用社區營造的方式推動生態保育。

林務局過去常因國有林班地的管理，與地方居民或原住民處於緊張對立的關係，原因之一，就是民眾並不認為森林保育與自己切身相關。因此，陳美惠提出了「社區林業」的概念，由林務單位授權，讓民眾直接參與生物多樣性的保育，進而維護社區周遭的森林資源與生態系。

為了推廣「社區林業」，陳美惠除了走遍林務局所屬的八個林管處、三十四個工作站，也親自接觸各個社區與原住民部落。她發現，如果要讓生態保育在社區扎根，必須考慮居民的生計，於是她參考國際潮流，找出生態保育和民眾生計雙贏的處方——生態旅遊。

作為國內生態旅遊的推手，陳美惠最具代表性的成功範例，就是「社頂部落」。

社頂部落位於恆春半島南端，是排灣族、斯卡羅族、馬卡道族與漢人混居的部落，原本以農耕、狩獵維生。一九六八年，林管處在部落附近設立「墾丁森林遊樂區」，居民開始賣紀念品，

甚至為了牟利，盜獵山羌、黃裳鳳蝶等保育類物種。

一九八四年，墾丁國家公園設立，帶動了南灣、船帆石等海濱景點及墾丁大街的興起，卻也衝擊了墾丁森林遊樂區的遊客量，從每年一百萬人次，下滑到僅餘十萬多人次。過去專做遊客生意的店家，紛紛倒閉或歇業，社頂社區也走向了沒落。

台灣第一個靠生態旅遊獲利的部落

二〇〇二年是聯合國的「國際生態旅遊年」，行政院也將該年訂為「生態旅遊年」。自二〇〇四年起，內政部營建署所轄的國家公園系統，開始找尋可以輔導發展的社區，社頂部落因為有「社頂高位珊瑚礁生態保護區」而獲選。二〇〇六年，墾丁國家公園管理處就委託當時已在屏科大森林系任教的陳美惠及她的團隊，輔導社頂部落發展生態旅遊。

早在陳美惠於林務局推廣社區林業時，就發現政府部門推動社區營造計畫，通常只提供了一定期程的經費與支援，結案之後，專家團隊就撤離社區，因此很難長期經營。於是她放下公務員的鐵飯碗，轉任教職，希望培養可以深耕社區的人才。

由於她在台大修讀博士班時，就在屏科大森林系兼課，教授「社區林業」課程，當時剛好屏科大徵聘社區林業專長師資，

陳美惠

風型人／流動創生

陳美惠長期在南台灣推動生態旅遊與林下經濟的實踐，帶領不同類型學生思考新方法，不僅落實自然保育並為地方找到具有適地性的運作模式，打造產業

在順利獲聘成為專任教師後，離開公職到屏科大任教。

陳美惠花了四年輔導社頂部落，陸續規劃了「賞鷹」、「梅花鹿尋蹤」、「日間生態體驗」、「夜間生態體驗」、「毛柿林尋幽探密」等遊程，打造出台灣第一個靠自主營運和生態旅遊獲利的部落，並獲得第三屆國家環境教育獎團體組首獎的肯定。

這個成績相當風光，然而陳美惠

經濟，讓人從流動走向二地居，甚至實踐移住地方的可能。

和團隊這一路走來，並不輕鬆。

「十多年前，生態旅遊仍是一個很新的觀念，雖然有一些國外的文獻可以參考，但是該如何在地化實作，還是需要很多摸索，」陳美惠解釋。

官民之間的潤滑劑

更大的難題則來自「人」。過去社頂部落居民的生態保育意識薄弱，常因捕捉野生動物遭罰，加上濫墾、違建等問題，居民與墾丁國家公園管理處之間，抗爭和衝突不斷。

陳美惠除了要將生態旅遊的專業導入社區，也要扮演官民之間的潤滑劑。她每週到社頂跟居民開會，每次一開就是三小時，從晚上七點到十點，之後再開夜車回屏東市，隔天一早還要上課。這樣耐心溝通協調，持續了三年之久。

過去社頂居民習慣做遊客生意，認為人潮就是錢潮。然而，生態旅遊強調永續經營，必須管制人數總量，因此，一開始在社區引起很大的反彈，參與培力的學生也覺得很挫折。陳美惠坦言，當時真的是身心俱疲。

不過，在她的堅持下，社頂每天的遊程只開放一百人，每

位解說員最多只搭配十二名遊客，而且不用大聲公，全程徒步，將對環境的影響降到最低，也維持了旅遊的品質。逐漸做出口

碑之後，在地居民也認同了陳美惠的先見之明。

「推動生態旅遊，讓社區居民不只守護家鄉環境，還因此獲得收入。而遊客來墾丁玩，除了逛墾丁大街，還可以深入接觸自然環境，創造環境、居民，遊客三者共好的結果，」陳美惠強調。

社頂部落的生態旅遊做出成績後，墾丁國家公園區的水蛙窟、里德、龍水、港

口等社區紛紛跟進。陳美惠前後輔導了七個社區，考慮到生態旅遊需要永續經營，而且還要鼓勵學生畢業後繼續在地方上蹲點，於是成立了里山生態公司，繼續在恆春半島推動生態旅遊。目前他們合作的社區，已增加到十一個。

養蜂、種段木香菇、金線連

生態旅遊雖然是兼具保育和生計的可行之道，但是陳美惠坦言：「地方發展，不能只靠旅遊。」特別是目前全球處於極端氣候，前往部落的交通隨時可能因為天候因素中斷，一旦遊客進不來，生計就可能斷炊。於是她再提出第二帖處方——「林下經濟」，讓部落可以自給自足。

柯信雄

土型人／返鄉定居

柯信雄原本是職業軍人，因為難捨對部落的情感，提前退伍返鄉，一方面推動農作幫助部落找到心靈寄託，為部落生產

二〇一九年八月二十八日，屏科大「森林養蜂場暨段木香菇場」人才培訓基地揭牌，由校方成立的養蜂小組逐步將技術輸出到部落社區。

在森林環境下養蜂，其蜜源植物來自森林的樹種，造就獨特的「森林蜜」，跟平地果園養蜂所得到的龍眼蜜、荔枝蜜，有著不一樣的風味。

除了養蜂之外，利用原木栽種的段木香菇，喜歡在樹下遮蔭環境生長的藥材金線連等，都是屬於藉助林地的生態環境，利用林地資源發展的林下經濟產物。

透過導入林下經濟，讓屏東縣霧台鄉因莫拉克風災而遷村的原鄉居民，找到回家的路。

二〇〇九年，莫拉克風災帶來台灣自有氣象紀錄以來最高雨量，一天降下了半年份的降雨，重創台灣東南部。而屏東縣霧台鄉八個原住民部落中，就有六個遭到嚴重破壞，部落居民不得不離開家園，遷居到長治鄉長治百合及瑪家鄉禮納里永久屋基地。

佳暮部落就是受創的部落之一。當年在風雨飄搖中，和其他三人合作，奮力救出一百三十五名村民的柯信雄，獲譽為「佳暮四英雄」。

的農產品加工；另一方面養蜂、利用閒置空屋種太空包菇，發展林下經濟。目前也是霧台鄉鄉民代表。

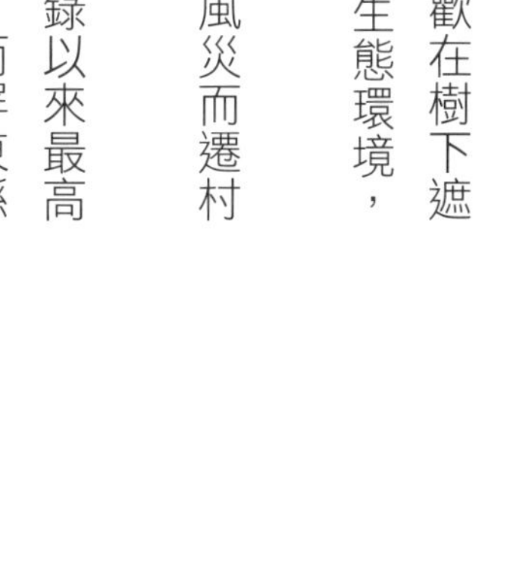

柯信雄求學時離鄉，後來成為職業軍人，因為難捨對部落的情感，他決定提前退伍，回到佳暮經營休閒農場。沒想到一場風災，半生心血全部泡湯。

回憶起救災時的驚心動魄，那幅景象仍歷歷在目，不過，完成了不可能的救人任務之後，仍有考驗等待著柯信雄和族人。

災後族人們住進了百合部落的永久屋，仍然人心惶惶。而部落的老人家在山上生活了大半輩子，向來是自己務農，自給自足，來到永久屋棲身後，無所事事，加上罹患「創傷後壓力症候群」，身心逐漸萎靡。

柯信雄發現，要讓這些部落老人家重建生活，還是得靠農作。於是他在附近找了塊地，老人家播下從部落帶來的種子，種起地瓜、芋頭、紅藜等作物，生活有了重心，人也恢復了活力。

前幾年，因為養生的風潮，紅藜成為熱門農作物。為了統整生產與銷售，柯信雄成立了產銷班，透過屏東縣政府，協調台糖出租二十公頃土

地，提供佳暮、阿禮等遷居到百合部落永久屋的部落居民使用。因為這塊地是他們的心靈寄託，柯信雄稱為「心靈耕地」。

目前是鄉民代表的柯信雄，因為老家猶可居住，並沒有跟著遷移，而是讓太太、小孩住在哥哥的永久屋，他則是佳暮、百合兩地跑。除了要處理「心靈耕地」的種種事務，因為陳美惠的輔導，柯信雄也在老家養蜂、種菇，在佳暮部落發展林下經濟。

「我常跟老人家說，『心靈耕地』只是暫時的，終有一天，我們還是要回到部落，」柯信雄堅信，隨著林下經濟帶動部落產業，距離重建家園的目標愈來愈近。

外公的囑咐

跟柯信雄一樣，來自阿禮部落的唐佳豐，也在外地打拚了好幾年後，選擇返鄉發展。

唐佳豐透露，「阿禮」是霧台鄉最深處的魯凱族部落，為謀生計，很多人都搬到屏東市區，

青壯人口外流嚴重。他從小跟著外公住在屏東，但外公有機會就會帶他回部落，因此他雖然不是在部落長大，卻對部落有深厚的感情。

在唐佳豐念國小五年級時，外公過世了，他從此自力更生。在台中念完高中後，他因為做高速公路工程，待過好幾個縣市，收入雖然優渥，卻始終心繫家鄉。

「每當工作忙到一個段落，我靜下心來，就會想起外公生前的叮嚀，他用族語跟我說，要我未來不管有什麼成就，一定要記得回部落的老家，不能讓老家荒廢，」唐佳豐說起外公，語氣中難掩思念之情。

大概在二〇一六年，唐佳豐決心遵從外公的囑咐，回到了屏東。由於阿禮部落也是莫拉克風災的重災區，居民多數外移，只留下了四戶，唐佳豐即使回到了部落，復原了斷水、斷電的老家，仍面對無事可做的窘境，因此他還是得靠在屏東市區開怪手、接土木工程案維生。

雖然回鄉了，唐佳豐工作的類型還是跟過去差不多，這並不是他真正想做的事，心裡難免感到失落。

直到返鄉第三年，唐佳豐透過阿禮部落頭目包基成的介紹，認識了陳美惠。陳美惠建議他從事養蜂和種植金線連、愛玉等

事業，觸動了他內心深處的記憶。

「我小時候，外公會去森林採野蜜、愛玉給我吃，也會採金線連，曬乾後拿到山下賣，」唐佳豐回憶。而陳美惠推動的林下經濟，其實就是承繼老一輩的生活智慧，再加以發揚光大。

唐佳豐在屏科大團隊的指導下，開始在部落附近養蜂，由於地處森林環境，有許多蜜粉源植物，例如羅氏鹽膚木的花粉，是平地養蜂不易取得的粉源，而且營養價值高，很有競爭力。另外，他也開始種植金線連、山當歸，未來還計劃小規模養雞。

除了發展林下經濟，唐佳豐也經營生態旅遊，他從做生物監測開始，觀察部落

唐佳豐

土型人／返鄉定居

在外地打拚幾年後，唐佳豐記得外公叮囑，返鄉發展。除了在部落附近養蜂、種植金線連、山當歸，發展林下經濟，並做生物監測、瞭解部落傳統文化，開始經營生態旅遊。

生態環境的變化，並經常跟部落的長輩、老人家聊天，瞭解部落的傳統文化。這些點點滴滴，都成為他擔任生態解說員的資產。

唐佳豐還記得，以前在外地工作時，曾有主管問他：「既然你是魯凱族人，那你說說魯凱族有什麼文化？」當時他完全回答不出來，如今他已經可以在遊客面前，侃侃而談。

唐佳豐在百合部落的永久屋，讓他跟從小分開居住的媽媽、姊姊重聚一堂，還有老婆、小孩同住在一起。他在兩地頻繁移動，最大的心願就是不負外公所託，將整個家族帶回阿禮部落，真正做到落葉歸根。

總是馬不停蹄的陳美惠，這天又帶著五十多名大四學生、十餘名研究室團隊人員，一行六十多人，來到佳暮部落，展開兩天一夜的資源調查，由她親自擔任社區林業主題的現場教學。

搶救古老部落

早在莫拉克風災之前，陳美惠就來到阿禮部落輔導生態旅遊，災後又協助阿禮、佳暮、大武等部落重建，跟當地有很深的淵源。

看著六十幾個年輕人在部落間走動，對比風災之後的人跡稀落，陳美惠心中湧現很深的感觸。

「霧台鄉擁有珍貴山林資源，並保有傳統的魯凱族文化祭儀與地方知識，這些生態和人文體系一旦被破壞，很難再造，」陳美惠強調。值得慶幸的是，從官方到民間，在眾人努力下，古老的部落並沒有從地圖上消失。

當然，搶救僅僅是第一步，陳美惠期待，憑藉生態旅遊、林下經濟，以及她開始推動的森林有機農業，持續為部落帶來活化的動力，透過生態、生產、生活的「三生共好」，讓部落與山林在地圖上永續長存。

期待生態、生產、生活「三生共好」，持續帶來活化的力道，讓部落與山林在地圖上永續長存。

歸屬感 掀動新能量

苑裡掀海風共同創辦人

劉育育

苑裡，苗栗小鎮，過去因為藺草編織產業發達，又被稱為「藺草的故鄉」。

八月底，一個週一的午後，地方創生團隊「苑裡掀海風」所規劃的藺草編織工作坊，進行到第二堂的實作課。在地藺草農運來四大捆藺草，將原本作為書店和咖啡廳的「掀冊店」，變身成分類草料的「掠草間」，現場藺草香四溢。

參加學員約十五位，主要來自外地，有老師、博物館員工、歷史系學生等，他們看過示範後，站在桌子上，將長約一百八十公分的三角藺草，按照長度，進行分類，因為是初次體驗，動作難免手忙腳亂。

接下來，又有在地的藺編好手，從前置搥草開始示範，講解基礎編法，以及各式各樣的揀花紋樣，連帽模、蓆挾等工具，也都做了詳細的介紹。

當天活動的最後一部份，就是前往在地帽蓆行，聽負責人分享經營之道，並參觀了燻硫磺、壓帽、壓草蓆機器的工房。短短一個下午，每位學員都完整認識了藺編產業的製造過程。

整個八月，「苑裡掀海風」共同創辦人劉育育工作滿檔，帶完了藺草編織工作坊，過兩天她又接待文化部的拍攝團隊，走訪老街、故居、市場，展現苑裡值得探索的風土和底蘊。

自從二〇一四年返鄉成立「苑裡掀海風」，劉育育和團隊

透過耆老訪談、文獻整理，以及空間觀察，慢慢拼湊出苑裡的在地故事，再結合小旅行的方式推廣，吸引更多人造訪這座有著藺草香的小鎮。

二〇一八年，交通部觀光局舉辦了「十大經典小鎮票選」，苑裡擊敗擁有知名景點九份老街的瑞芳區，拿到了第一名。顯然「苑裡掀海風」的投入，帶來一定的效果。

值得一提的是，劉育育會決心返鄉扎根，契機來自一場地方的抗爭。

苑裡女兒的社會實踐

鄰家女孩模樣的劉育育，一九八六年次，生長於苑裡一個藍領家庭。就讀國中時，父親腦溢血過世，身為三姊妹中的大姊，她一邊打工賺錢，一邊也發奮念書，希望未來能到台北發展，扮演家裡的支柱。

當年苑裡鎮上沒有高中，劉育育是到台中就讀。學生時代的她，就很有想法，曾經因為某位老師考試太多，她和其他同學認為無助於學習，不但向學校抗議，還關門不讓老師進教室發考卷，顯露她個性中不輕易妥協的那一面。

劉育育大學念的是輔仁大學心理系，由於系上老師非常強

調「社會實踐」，因此她大一就去林口長庚醫院擔任志工，後來更在學長的帶領下，參與了樂生療養院的保留抗爭運動，曾經站上街頭，跟警方對峙，遭到逮捕、盤問。這樣的經驗，促進了她對社會正義、幫助弱勢族群等議題的反思。

大四時，有位老師在三重蘆洲開設社區大學，找她進去工作，因為處理的多半是行政事務，像是回答社區民眾對於課程的各種問題，「一開始，我很不習慣，覺得這跟我想像中的『社會運動』，相距甚遠，」劉育育透露。

然而她漸漸體會，除了站上街頭抗爭，跟社區民眾互動，喚醒他們的自主意識，進而主動改變現狀，甚至投入社會參與，何嘗不是另一種「社會運動」。

她舉例，很多社區的婆婆媽媽會打電話來，請她推薦課程，當她流露出聆聽的意願，對方就會開始傾訴自己受困於家庭中，人際關係封閉，身材也日益臃腫，劉育育就會開導對方，她的身體就代表對家庭的奉獻，不但不必感到羞恥，反而應該大方展現出來，因此推薦肚皮舞課，如果對方還希望多跟人接觸，也可以參加故事媽媽的訓練，帶小朋友讀繪本。

「讓一個原本沒有情緒出口的家庭主婦走出來，成為有社會參與的繪本故事媽媽，需要很多細膩的人際互動，」劉育育

指出，這些經驗對於她後來在苑裡投入社會實踐，幫助很大。

兩地生活，兼顧工作與使命

在老師經營的社區大學，劉育育從兼職做到正職，後來又晉升到主任祕書，可能就一直在台北發展下去。然而，二〇一二年，苑裡爆發了「反瘋車」抗爭，又把她帶回了故鄉。

當年，由於跨國集團風機製造廠商所推動的苑裡風場計畫，大型風力發電機機座的位置，與民宅之間的距離太近，遭到當地民眾反對，因而引發了靜坐抗爭。身為苑裡的女兒，劉育育也返鄉加入抗爭的行列。

在廠商同意拆除兩座爭議較大的風車後，長達一年多的苑裡「反瘋車」抗爭終於落幕。經過這次抗爭活動的洗禮，劉育育深刻感受了家鄉遭遇的諸多問題，像是經濟上的弱勢、傳統產業的沒落，以及傳統文化的後繼無人等，為了持續聚集「反瘋車」所激發的在地能量，劉育育和因「反瘋車」結緣的台大法律系學生林秀芃等人，創立了「苑裡掀海風」。

劉育育透露，從「苑裡掀海風」成立，到她真正回到苑裡扎根，中間大約有兩年的時間，她都是在台北、苑裡之間移動。

「那份社區大學的工作，我做了五、六年，勝任愉快，已

建立理念契合的團隊，而且裡面的長輩很照顧我，在情感上的確難以割捨，」她坦言，加上一開始對於「苑裡掀海風」可以做些什麼，也還在摸索，因此，她並沒有辭掉台北的工作，而是利用週末，或是另外請假，持續返鄉。直到二〇一六年，劉育育終於決心辭職，正式定居苑裡。

留下志同道合的人

「苑裡掀海風」成立初期，在沒什麼資源的情況下，先從建立在地人際網絡開始做起。劉育育將老家整理出來，作為聚會的空間，然後舉辦包括調酒課等才藝課程，透過臉書粉專發佈消息，聚集在地年輕世代，反應相當熱烈，連久未聯絡的國中同學都跑來參加。

劉育育

土型人兼風型人／二地居

劉育育是典型在城鎮長大的孩子，中學畢業後離鄉前往都市就學，大學畢業之後留在城市工作，在社會事件促動下返鄉投身社運，重拾與家鄉的關係。站穩腳步之餘，她再度回到城市進修，並透過二地居模式鏈結兩端，蓄積更大能量。

活動成員以苑裡人居多，一半平時就在鎮上生活，另一半則是週間在外地工作，週末返鄉休息。「人來來去去，最後留下來的人，就會是志同道合的人，」劉育育說，找到了有相同理念的夥伴後，他們就開始進行田野調查，訪問家鄉耆老，蒐集故事、老照片，一點一滴累積對苑裡風土人文的認識。

就如同多數的鄉村，以農業為主的苑裡，也面臨了人力流失的困境。「苑裡掀海風」除了從事文化保存工作，另外也跟地方上的小農合作，協助他們將農產品送到台北的農夫市集販賣，甚至還親自下田支援農事，解決人手不足的問題。

像七年級的苑裡小農蔡坤隴，原本在台中工業區上班，後來決定返鄉務農，以友善農法種植火龍果，理念雖好，但是孤軍奮戰十分辛苦，曾經一度想要放棄，劉育育和團隊成員適時伸出援手，協助除草、收成，還幫忙發想火龍果加工品，讓蔡坤隴可以持續他返鄉經營果園的理想。

搶救藺編產業

二〇一七年，「苑裡掀海風」出版了第一本同名的刊物，第一個特別企劃，就是介紹苑裡帽蓆產業的興衰。

由藺草帽祖師爺洪鴦帶進苑裡的藺草編織，曾經因為國際

貿易的推波助瀾，盛極一時，創下一年出口一千六百萬頂草帽的紀錄。當年苑裡家家戶戶的婦女，幾乎都從事藺草編織，甚至可以靠藺編養活一家大小。

然而，隨著工業興起，手工編織不敵可以大量生產的機器編織，藺編技藝逐漸失傳，藺草田的面積也逐年減少。

劉育育和團隊在從事田野調查時，看到了藺編產業消失的危機，為了傳承的使命，他們先報名了當地社大的藺編課程，跟著在地的長輩學編織，而為了避免藺草在苑裡絕跡，他們遍訪當地的老農，好不容易找到珍貴的藺草苗，栽種在友善耕作的水田區，作為藺草復興計畫的第一步。

另外，「苑裡掀海風」所規劃的地方小旅行，不論是實作體驗，或是參觀老街上的帽

蓆行，也發揮了推廣藺編技藝的功能，愈來愈多外地旅客特意來苑裡購買藺編產品。

帶著家鄉看世界

因為之前待過社區大學這樣的非營利組織，劉育育知道，「苑裡掀海風」要長期發展，一定要建立自給自足的營運模式，於是在二〇一八年，租下了一處空間，成立了「掀冊店」。這是苑裡第一家獨立書店。

「掀冊店」除了賣書，也提供餐飲、空間租用的服務，並設有空間展示地方小農的產品，除了可以為財務帶來挹注，也成為「苑裡掀海風」跟在地民眾交流的文化基地。

舉例來說，「掀冊店」會請作家來演講，並舉辦環保、死刑、性別議題的電影放映，為文化資源相當缺乏的苑裡人，打開一

扇眺望世界的窗口。

透過書店，他們也跟在地的學子有了更多互動。二〇一九年暑假，有高中生來到掀冊店消費時，請教劉育育如何準備升大學的備審資料，她發現很多人不是很瞭解大學科系的出路，就邀請了在地三十位就讀不同科系的青年，返鄉分享求學經驗，釐清申請學校時可能的困惑。

之後，他們又推出了「苑裡教芋部計畫」，與在地芋農合作，發起芋頭認購活動，營利所得就回饋教育志工服務，聘請滿級分或特定科目超強的苑裡青年，返鄉提供課業輔導，協助在地高中生衝刺學測，而這些高中生未來又可能擔任教育志工，形成善的循環。

透過移動，外掛任務

二〇一八年，劉育育因為進入台大城鄉研究所就讀，又開始啟動苑裡、台北兩地移動的生活模式。

「做了幾年的社區工作，我需要瞭解自己所做的事，意義和價值何在，」劉育育透露。她想為自己的實務工作建立一套論述，就必須跟知識對話，因此決定重返校園。

由於每週固定北上三天，劉育育的行程切成兩部份。到台

北上課時，她會把採訪、演講的邀約，排在相近的時間，而朋友的租屋處，提供了一個小房間，方便她放書、打地鋪；另外幾天，她就留在苑裡，專心忙在地的事情。

至於一路走來的幾位夥伴，也有人不是定居在苑裡，而是透過移動的方式，來參與「苑裡掀海風」的事務。

像其中一位創始元老蔡佳昇，台中豐原人，當初是因為拍「反瘋車」的紀錄片而結緣，之前還在就讀台大人類學系時，他會利用課餘時間，到苑裡做田野調查，以及協助農事；另一位夥伴鄭治明，家在苗栗市區，之前就讀北藝大電影系碩士班時，也是利用回苗栗時到苑裡工作、開會，晚上再回市區的家。

劉育育用「外掛」來形容組織運作的方式，「我們現在有書店、協會，書店有很多常態的工作，需要固定的人力，而協會辦活動，就比較偏向任務執行，即使平時不是住在苑裡，也可以外掛進來，」她解釋。

走出另類新氣象

像鄭治明目前在苗栗縣政府服替代役，平時不參與書店的營運，但是團隊需要有人剪影片，帶影像工作坊時，他就會回來幫忙。

蘭編產業沒落後的小鎮，不必拆老屋、蓋大樓，用心就能走出傳統與現代並存，經濟與生態共好的重生之路。

劉育育從苑裡出發，在台北求學、工作，經歷了兩地移動，回到苑裡定居，累積大量能量，又再一次兩地移動，她對家鄉的歸屬感，反而愈來愈強烈。

「小時候，不覺得苑裡有什麼特別，長大後，在外面繞了一圈，才發現苑裡有山、有海、有平原，其實是個很適合居住的地方，」劉育育語氣難掩對苑裡的情感。

重新擁抱這塊滋養自己的土地，她當然希望苑裡有新氣象，但是不必拆老屋、蓋大樓，而是走出一條傳統與現代並存、經濟與生態共好的另類之路。這是她和「苑裡掀海風」團隊，持續努力在做的事。

一週雙城，守備範圍更完整

誠美地產開發公司董事長
陳百棟

誠美地產董事長陳百棟有兩個家。

一個家在台北，一個家在台南。除非有特別的行程，否則他都是週一到週三，待在台北的家，週四到週六，回到台南的家。身為虔誠基督教徒的他，週日的行程，基本上都是跟著教會走，台北的教會有服事時，就回台北，否則就留在台南，去母親的教會做禮拜。

除了在台北、台南兩地移動，陳百棟也在兩個身份之間移動。他除了是地產公司的老董，負責不同建案的推動，同時也是誠美社會企業的負責人，致力於推廣原住民藝術文化、地方創生活化，以及扶植青年創業，像台南古蹟陳德聚堂的認養，

以及在赤崁東街舉行的「時光串流藝術計畫」，都是他近年來投入地方創生的成果。

用時下流行的「斜槓」來形容，陳百棟靈活遊走於台北／台南、建築公司負責人／社會企業負責人，兩個地方，兩種身分，不但沒有衝突，反而相輔相成，彼此加分。

接受採訪時，陳百棟身著白色Polo衫、淺灰色西裝外套，一派談笑風生，雖然自稱「百棟爺爺」，外表看起來比「爺爺」這個稱號年輕許多。

一九五三年出生的他，在台南赤崁長大。據他回溯，先祖陳澤曾經跟著鄭成功來台，便留下來開枝散葉，是當地擁有三百五十年歷史的家族。

陳百棟的祖父當過赤崁里的里長，父親曾赴日留學，回台在稅捐處擔任公務員。不過他興趣廣泛，生活過得有聲有色，既養狗、養雞、養鴿、種蘭花、集郵，又騎重機、玩攝影，甚至還會打獵，在當年也算是個「斜槓人生」。

名中注定做建築

陳百棟的名字是祖父取的，跟他後來的事業完美呼應。「不過，我猜祖父應該是想取『百動』，因為我從小就活潑好動，」陳百棟笑道，赤崁樓外的廣場，就是他童年時代的體育場，就讀台南成功國小時，是棒球隊的成員，初中念延平國中，又加入了橄欖球隊，還拿到了冠軍。

本有機會保送長榮中學的體育班，但是在父親的建議下，陳百棟選擇去念建築。

原來，陳百棟家的對面開了一家建築師事務所，父親觀察這位鄰居，發現對方每一、兩年就會換部進口車，顯然收入不錯，加上建築師在社會上也頗受敬重，父親就說：「祖父給你的名字，就是要你蓋一百棟房子，所以，你還是走建築這一條路。」

當年在南部要念建築，只有兩個選擇，一是成功大學，一是正修工專（現為正修科技大學），他後來考上了後者。巧合的是，對面鄰居有個建築師弟弟，就在正修工專教學，父親就請對方多多照顧，因此陳百棟就讀二年級時，就在這位老師的事務所當學徒。

二十一歲那年，陳百棟到台北發展，在報上看到了宏泰建設的徵人啟事，因為當學徒時有過實務經驗，陳百棟立刻就獲得錄用。之後他陸續在好幾家建設公司工作過，累積了豐富的經驗，便決定自立門戶，三十歲時獨資創業「百棟建設」。

一九九九年，台灣發生了九二一大地震，不但造成重大傷亡，對於需要長期投資的建築業界也是一大衝擊，陳百棟和上市公司合作的建案，損失高達一億台幣。由於他沒有其他股東共同承擔風險，不得不把公司收掉，當時他將屆五十，事業受挫，又遭遇父喪，人生陷入了低潮。

陳百棟沒有被擊倒，他放下老闆的身段，回到專業經理人的身份，在「東家機構」重新出發，靠著穩紮穩打的基本功，之後又東山再起，二〇〇六年成立了「誠美建築」。

二〇〇〇年之後，台北出現都市更新所帶動的地產商機，當參與的業者還屈指可數時，陳百棟就已經投入這個領域，累積了不少經驗，選擇個案時，比較能夠「趨吉避凶」。相較於一般建設公司完成「都市更新」的成功率是百分之十，「誠美建築」卻可達五、六成，陳百棟也因此有了「都更先行者」的封號。

大約在二〇〇九年，陳百棟在台北的光武新村，買了一幢二十幾年的老房子，打算進行都更，卻遇上一位原住民牧師想租下這幢房子，作為原住民學生的宿舍。

陳百棟

風型人／二地居

府城街上出身的陳百棟，在離鄉近半世紀之後，因孝親、事業發展及思鄉等種種機緣，展開二地居生活模式，往來八里及台南之間，享受兩種不同步調的生活及工作，並在人生下半場，積極投入街區活化及文化保存工作，是二地居的先行者。

與原住民結下不解之緣

陳百棟也是基督教徒，自然而然就和這位牧師展開交流，也去拜訪對方的教會，深切感受在都會生活的原住民相當弱勢，便開始提供一些物資或善款的捐助，而他也透過這個教會，結識了不少原住民的音樂家、藝術家。

之後，陳百棟和幾位從事都更的建設業者合作，在金山南路買了一幢舊大樓，準備爭取容積獎勵，進行都市更新。由於都更的作業，短則四、五年，長則十幾年，陳百棟就向股東提議，在等待都更期間，不如用這幢房子做件有意義的事，也有助於爭取容積獎勵，因而誕生了創業基地「金山玖號」。

進駐「金山玖號」的單位，除了有陳百棟贊助的原住民教會，還有「TEDxTaipei」創辦人許毓仁，以及「生態綠」董事長余宛如等人，巧合的是，後來這兩位「房客」，還分別擔任國民黨、民進黨的不分區立委。

由於當初成立「金山玖號」，是陳百棟的點子，大樓主委一職便也落在他身上，不時要跟這些年輕的創業團隊打交道，「我發現很多年輕人很厲害，但是有些人苦無資源，特別是年輕的原住民藝術家，因此我想幫助他們。」

陳百棟原本想成立基金會，由於門檻比較高，後來就改以社會企業的形式推動，他也因此多了一個「斜槓」的身份，就是社會企業家。

斜槓社會企業家

「誠美社會企業」於二〇一五年成立以來，陸續幫過原住民歌手舉辦演唱會，並帶領優秀的原住民藝術家參加台北藝術博覽會，並協助創辦了台北原住民當代藝術中心，把優秀的原住民藝術家推向藝術市場。

排灣族藝術家巴豪嵐・吉嵐、第二十屆國家文藝獎得主撒古流・巴瓦瓦隆，以及布農族藝術家依法兒・瑪琳奇等人，都曾經在誠美提供的藝術平台上，獲得更高的能見度。

以巴豪嵐・吉嵐為例，他以山豬雕刻象徵即將消逝的台灣原住民文化精神，陳百棟十分認同他的創作理念，便發展出「原動力革命一：圖騰變奏」專案，在台北一〇一大樓廣場前，展出一百零一隻的山豬雕像，引發了不小迴響。

差不多也在二〇一五年，因為返鄉整修房子，促成了陳百棟開始在台北、台南兩地頻繁移動的生活型態。

陳百棟回憶，當時是收到通知，家中老屋的屋頂開始掉瓦，他是家中長子，當然得出面處理。因為修房子，加上母親已九十高齡，他想多花多時間陪伴，北上發展多年的他，又重拾與故鄉的緣份，開始每週都回台南。

過去靠著都更案在台北地產業闖出一片天的陳百棟，眼見台北變得寸土寸金，取得土地的資本大幅增加，而都更案要成功的機率卻愈來愈低，可能投入大量金錢和時間，結果一事無成，開始想把事業重心移回台南。

於是他把原本的團隊「誠美建築」留在台北，在台南另外成立了「誠美地產」。

「我不想讓人覺得『誠美地產』只是『誠美建築』在台南的分公司，」陳百棟強調：「我想讓這個品牌真正屬於台南人，我更想專心地對待這一塊土地，把回饋放在這裡。」

「誠美地產」的首發之作，就是購入台南望族侯家近千坪土地，打造了兩棟住宅大樓「誠美樸真」。

「台北的市場競爭激烈，相較之下，台南的建商多以透天厝為主，我將台北蓋大樓的 Know-how 帶進台南，可以說得心應

因緣際會結識了不少原住民音樂家、藝術家，讓陳百棟開始投身推廣藝術。

手，事半功倍，」陳百棟透露，「誠美樸真」今年（二〇二〇年）完工，不但銷售狀況良好，同業還前來參觀，甚至在「二〇二〇年園冶獎」拿下了兩個獎項，顯然他將事業重心南移，是正確的判斷。

「誠美樸真」之後，陳百棟在台南繼續推動其他建案。隨著建築事業在故鄉站穩腳步，陳百棟也積極將社會企業在台南扎根。

重視傳承，實踐「青銀共創」

自從每週都回台南，陳百棟經常在台南巷弄間走走逛逛，他發現很多老房子還在，但是早已無人居住，或是老店鋪舊址猶存，然而也不再營業；另一方面，他也發現台南聚集了不少年輕人，其中很大的比例都是來自外地，他們滿懷理想和熱情，亟思在府城能有一番作為。

因此，延續台南的美好傳統，帶動地方發展，並協助年輕人創業，就成了陳百棟從事社會企業、回饋地方的重要使命。

舉例來說，誠美社會企業認養的「陳德聚堂」，就是陳百棟先祖陳澤將軍的故址，陳氏後人集資修建為陳氏家廟，現為市定古蹟。陳德聚堂曾經長期未對外開放，為了活化古蹟，吸

引更多人前來親近，陳百棟除了安排專人導覽，也將場地開放，作為表演、展覽的空間，像古都木偶劇團、雞屎藤舞蹈劇場都在這裡演出過，二〇二〇年成功大學建築系的畢業展，也在陳德聚堂舉行。

另外，「赤崁文化園區改造工程」是台南市近年來的重大工程之一，要將原本的圍牆拆除，並重建成功國小，打造成結合古蹟和文教的特色園區。

陳百棟的老家就在赤崁樓旁邊，偶然經過時，發現一整排白色的工程圍籬，他擔心很快就遭到塗鴉，影響市容，靈機一動，邀請日本攝影師近藤悟合作，策畫了「TIME未來・進行式——時光串流藝術計畫」。

該計畫透過影像呈現三個時間的面向：近藤悟找來百位成功國小的學生，用相機捕捉他們童真的笑顏，代表「現在」；陳百棟貢獻父親留下的眾多老照片，包括了父親和母親的結婚照，象徵「過去」。孩子的影像和老照片，都放大複製到這些工程圍籬上，形成「過去」和「現在」串連的時光長廊。陳百棟還設置了一間貨櫃屋，放置園區改造計畫的完工模型，則意謂「未來」。

陳百棟對於傳承的重視，也反映他對在地青年創業團隊的

支援上，除了提供進駐的空間，也固定跟他們開會，除了分享他的經驗之外，也藉此向年輕人學習，實踐他「青銀共創」的理念。

雙城往返，更有活力

受訪當天是週四，人在台南的陳百棟，因為接下來台北有建築同業的聯誼活動，這個星期，就週二提前返鄉，採訪結束後，就得趕高鐵回台北。

雖說他事業重心已經南移，陳百棟在北部還有幾個未完成的小案子，加上台北畢竟是首

善之都，為了參加建築業界的活動，或是獲得最新的建材、工法的資訊，陳百棟仍然必須跟台北保持相當的連結。

將輕便的行李箱放進後車廂，陳百棟笑道：「這也算是一種『偽出國』的情趣。」

自從展開「二地居」的生活方式，陳百棟和太太便從台北市區，搬到了淡水八里，由於視野開闊、環境清幽，他每次回到台北的家，心情總是非常雀躍。

「『二地居』其實需要一些策略，如果其中一地，你不會很想回去，漸漸地，就可能失去移動的動力，」他說。

台北新鮮刺激，卻也容易令人疲憊，而台南優雅緩慢，待久了難免進入「養老」模式。陳百棟一週雙城移動，一緊一弛間，既能持續充電，又能從容慢活，這或許是他即使將邁入七十大關，仍然精神奕奕，活力充沛的祕訣。

對他來說，二地居還有另外一個意義，就是「守備範圍」更大了。陳百棟解釋，自從認識了那位原住民牧師，多年來，他一直持續關心原住民議題，經常造訪原住民部落，現在他住台北時，可以去看花蓮的部落，住台南時，則可以跑高雄、屏東、台東等地的部落，他能關注更多的原住民族群，擴大幫助的對象，人生也因此變得更有意義了。

事業有成的企業家，能從事的公益活動，不只有捐錢而已。年近七十的陳百棟在兩個城市之間，靈活切換兩種身份，在一緊一弛的步調間持續充電，同時為心愛的故鄉、熱愛的藝術、關愛的年輕人與原住民，貢獻一己之力。

從深耕在地 到串連兩地資源

叁捌地方生活負責人
邱承漢

二〇二〇年五月，「叁捌地方生活」負責人邱承漢，在高雄鹽埕打造的第二個空間「銀座聚場」，熱鬧開幕。

這個空間結合咖啡廳與民宿，一週只營運三天，加上店內座位不多，管制入場的客人數目，開幕之初還引起搶訂熱潮。

就跟邱承漢之前打造的「叁捌旅居」一樣，「銀座聚場」也是老房改建，暈黃的燈光，精心布置的復古家具、小

物，濃厚的懷舊氛圍，令人想起了電影「花樣年華」，知名的設計雜誌形容為「寫滿鹽埕風華的旅宿空間」。

「銀座聚場」位於沒落的高雄銀座商店街中，原址是旗袍店，兩側都是四、五層樓房，三樓以上有聯通的走廊，還有橫跨左右的天橋，家家戶戶聲息相通。由於人與人的關係很近，人情味特別濃，在邱承漢眼中，這就是鹽埕的特色，他稱為「老派」的生活方式。

「這種緊密的人際關係，是好是壞，或許見仁見智，總之我就是很喜歡，」邱承漢笑道。

正是因為這份著迷，邱承漢放下了台北金融圈的「金飯碗」，回到他童年長大的地方，大力推廣鹽埕的老派風情。

一九八〇年生的邱承漢，高雄人，老家雖不在鹽埕，但是外婆在這裡開設了婚紗店「正美禮服」，母親也是店裡的設計師，因此他念小學時，只要一放學，就會來外婆婚紗店，這一帶可以說充滿了他的童年回憶。

外婆婚紗店大變身

從小跟著父母出國的他，對於餐飲旅館曾有憧憬，就讀政大財政系時，曾經去飯店打過工，後來進入政大企管研究所，也有機會到凱撒飯店集團實習。參與過飯店產業的實務運作後，邱承漢後來還是投入金融界，到中國信託擔任儲備幹部。

他工作賣力，表現得也不錯，然而內心深處隱約又覺得，銀行並不是最適合自己的舞台。二〇一一年，他到台南旅行，有機會到神農老街走走逛逛，整條街的氛圍讓他聯想到鹽埕，而街上幾家老屋改建的民宿、咖啡廳，又觸動了他開創旅宿事業的念頭。

邱承漢

風型人轉土型人／二地居

高雄鹽埕出身的邱承漢，高中畢業後北上就讀政治大學，並在研究所畢業後進入台北金融圈就業，而在故鄉及家人的深度羈絆之下，毅然返鄉創立叁捌生活，透過企劃、空間營運來活化鹽埕街區，並且

在家人支持下，邱承漢辭掉了銀行的工作。他先到管理顧問公司上班，學會寫旅館的調查報告和提案企劃書，強化進入旅宿業的基本功，同時也展開行動，將外婆結束營業後就一直閒置的婚紗店，變身為文創旅店。

因為外婆和他分別生長於三〇年代和八〇年代，取名「叁捌旅居」，代表的是世代傳承。為了詮釋新、舊融合的概念，邱承漢和設計團隊投入了不少心血，也展現了很多巧思。

銜接過去與現在

舉例來說，邱承漢保留了當年婚紗店的辦事櫃台，作為民宿管家接待客人的櫃台，讓這個角落銜接過去、現在兩個時空。至於當年作為門面的磨石子樓梯，為了方便穿著禮服的新娘走動，做得特別寬，樓梯扶手還有精緻雕花，邱承漢也完整保留下來。

另外，「正美禮服」留下來的縫紉機、紅皮箱、嫁妝盒，以及邱承漢外公手寫的「服務宗旨」，也都化為「叁捌旅居」的一部分。

除了存舊，邱承漢也佈新。他在老屋前方打造了一座新的樓梯，採用鋼鐵質材，來呼應鹽埕過去有很多五金商店的歷史，

透過移動，甚至二地居模式，與台北文化設計圈有絕佳的協作關係。

至於網狀設計，則象徵層層堆疊的婚紗。

曾經拿下第二屆ADA新銳建築獎首獎的「叁捌旅居」，二〇一一年開業後，就成了鹽埕地方上的亮點，在媒體上獲得不少能見度，也吸引了文青客前往朝聖。

發掘地方更多面向

邱承漢開設民宿，起心動念就是邀請外地人體驗鹽埕的生活情調。「鹽埕是個生活感強烈的地方，沒有住一個晚上，很難感受到。」他指出，當客人留在這裡住宿，他們必然就會花更多時間來認識鹽埕。

因此，客人入住「叁捌旅居」，除了基本的住宿，還有「管家帶路」的導覽服務，在旅店管家的帶領下，走訪附近的國際商場、鹽埕示範市場、第一公有市場，並品嚐在地美食。如果想玩得再深入一點，還有不同的主題行程，像是「濱線討海人」、「鹽埕醉水手」、「鹽埕煉金師」等，去發掘鹽埕更多面向。

某次端午節，邱承漢舉辦了包粽子的體驗活動，雖然有十幾個人參加，事後他認為，只靠活動，推廣效果還是有限，就開始編刊物，於是有了專門介紹鹽埕店家，及他們生活方式的雜誌書《什貨生活》。邱承漢不諱言，出版刊物沒什麼獲利空

間，卻是深入瞭解地方很好的方式。

比方說，他訪談了一位專修偉士牌的車行老闆，聽對方描述當年，隨香港船隻來台的船員們，都會走私手錶、絲襪、香水，到專賣舶來品的堀江商場交貨，船員們都是用偉士牌機車來運貨，而且他們會將後座空間改大，好裝進更多貨品，碼頭對面好幾家車行，就是專門做這門生意，一修就是四十年。

《什貨生活》

以食、衣、住、行為主題，陸續出版了四期，點點滴滴累積起來，邱承漢對鹽埕在地的人、事、物，更能夠如數家珍。

生命的踏實感，來自生活

然而，自從「叁捌旅居」開業以來，有件事一直困擾著邱承漢，對他形成極大的壓力。原來，該建築物在興建時，外公曾經做了一些內部結構的更動，按照現行法規，允許自家居住，但是，若要作為民宿營運，很多地方都必須拆除。

邱承漢陷入兩難：拆了，「叁捌旅居」所代表的傳承意義，也就蕩然無存；不拆，因為不符法規，他不時會收到罰單，若是相關單位上門稽查，他也很難跟客人交代。撐到第三年，心力交瘁的邱承漢壯士斷腕，結束了民宿的營運。

民宿沒辦法繼續下去，婚姻也觸礁，希望走出陰霾、找回初心的邱承漢，二〇一六年，申請上了「雲門流浪者計畫」。

邱承漢這趟旅行有個主題，就是港口。他沿著九州的海岸線走，拜訪了大大小小的港口，包括了以工業為主的北九州門

從旅行中體悟到，生命的踏實感來自生活，回到地方後，邱承漢決定從生活場域重新出發，和在地居民一起好好生活。

戶港、以漁業為主的柳川河港、做為美軍軍事基地的佐世保軍港、散發著南國風情的指宿漁港等，不過，最多的是隱身在海岸線一角的小漁港，在地人靜靜地過著屬於自己的生活。

旅途中，自然會結交形形色色的朋友，其中有一些是日本人，他們原本在外地工作，三一一大地震後，決定返鄉，做一些讓家鄉被更多人認識的事情。從他們身上，邱承漢瞭解，很多人都做著跟他一樣的事，雖然辛苦，但是因為值得做，他們就堅持下去。

兩個多月的旅行，邱承漢還有一個體悟，就是生命的踏實感，來自生活，正是透過那些稀鬆平常的生活細節，才能夠活在當下。因此，回到鹽埕，他將「叁捌旅居」改名為「叁捌地方生活」，就是要和在地居民一起好好生活。

賦予傳統市場新面貌

下午四點多，走進鹽埕第一公有市場，做早市的攤商早已打烊休息，做晚場的「空腹虫大酒家」，兩位年輕老闆才正忙著準備工作。

「空腹虫大酒家」是高雄首見的傳統市場餐酒館，因為只有八個位子，預約制與現場候位並行，主廚在鹽埕的餐廳服務過五年，因為參與了「叁捌地方生活」的「青銀共市」進駐計劃，有機會一償自己開業的夢想。

結束了日本的旅行，邱承漢重新出發，他和團隊進入在地生活場域，直接和社區交流，當他發現有七十年歷史的第一公有市場，已逐漸沒落，攤商愈來愈少，為了帶進新的活力，便租了一個攤位，開設「叁捌菜攤仔」，讓在地民眾可以交換二手商品。

一開始，他們以為這樣的攤位比較吸引年輕人，沒想到反而深受婆婆媽媽們歡迎，透過這樣的平台來交換孫子的玩具，以及各種生活用品。之後，邱承漢又做了大膽的嘗試，邀請林強在市場裡舉辦售票電音派對，「這對攤商來說太刺激了。但因為是林強，他們就願意來接觸。」

因為共市進而共識

為了把市場打造成「青年世代創業時也會想到的場域」，邱承漢這兩年開始推動「青銀共市」，找了不同的年輕團隊進駐市場，期待世代之間，透過相互交流，從「共市」進而達到「共識」。

舉例來說，第一波「青銀共市」的團隊中，就有跨國同志

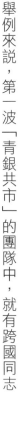

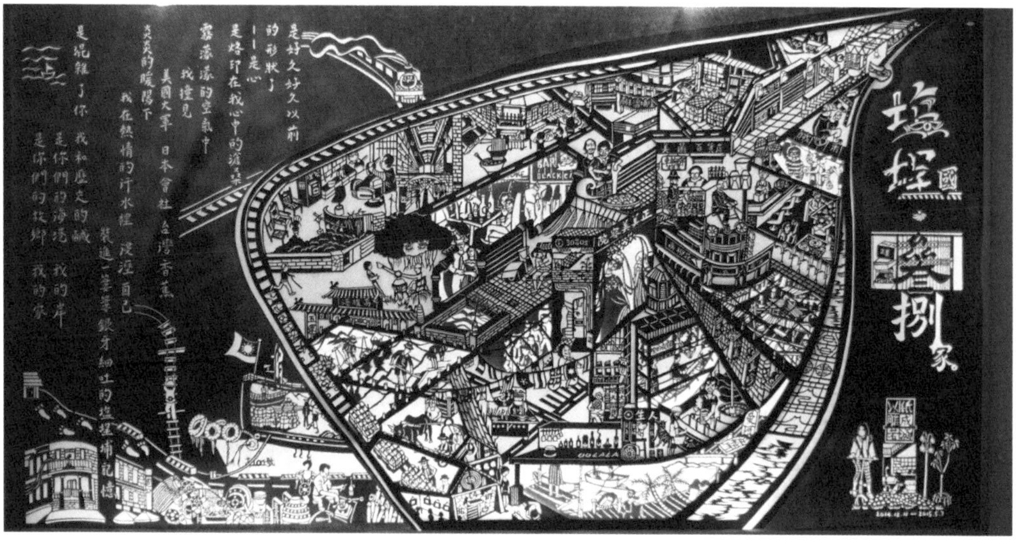

伴侶開設的甜點店，難免引起婆婆媽媽的好奇，提出各式各樣的問題，像是「誰是先生？誰是太太？」「過年回娘家，是回誰的家？」雙方的對話，也幫助在地人認識婚姻平權議題。

另外，四冊的《什貨生活》之後，「叁捌」繼續挖掘在地題材，出版了記錄大溝頂（愛河支流）歷史的《鹽埕水上生活》、介紹七賢三路酒吧街的《微醺鹽埕》，以及以早、中、晚三個時段切入的三冊《鹽埕老派生活指南》。

隨著團隊愈來愈成

熟，邱承漢便有餘裕邀集其他關心在地鹽埕事務的行動者，共組「高雄市鹽埕藝術勞動社區推廣協會」，並獲選為第一屆理事長。

「鹽埕不缺好故事，缺的是把這些故事說出來的方式，」他希望，透過這個協會聚攏更多年輕能量，凝聚社區意識，攜手為鹽埕拼湊更多不一樣的未來樣貌。

高雄、台北兩地往返

邱承漢除了深耕地方，由於他經常高雄、台北往返，又能夠比其他在地工作者，更能串連兩地資源。

從求學到工作，邱承漢在台北生活了十二年，跟這座城市原本就有一定程度的連結，如今，他於私於公，一個月大概會北上兩次。

私人理由，是因為新婚太太在台北，另外，他也因為承接專案，到台北開會，或是演講、接受訪問，維持兩地移動的狀態。

「叁捌」做出自己的品牌後，跟其他單位合作的機會也愈來愈多，像之前台灣文博會要出版一套四冊的城市專書，就委託邱承漢擔任專案統籌，因此有一陣子，他就必須定期到台北開會。台北有些活動開幕，邱承漢也會受邀參加。

TEL:555
505·THH

漸漸地，台北的朋友要來南部開店、辦展、辦活動，各種疑難雜症，包括了地點好不好、工讀生怎麼找，哪裡有倉庫可以存放展品等，或是有刊物編輯要找在地的文字、攝影記者，都會來找邱承漢諮詢。

「我好像成了某種南部的窗口，扮演資源引導和轉介的角色，」他笑道。

舉例來說，之前印花設計品牌「印花樂」受邀到駁二藝術特區開店，就來問邱承漢的意見，他建議他們到鹽埕看看，結果對方很喜歡這個環境，決定進駐。五年後，「印花樂」雖然收掉了鹽埕店，但是已在當地培養出一群支持者，今年（二〇二〇年）五月，「叁捌」在第一市場辦市集，還邀請「印花樂」回娘家，舉辦三場快閃特賣會。「叁捌」辦活動時，因為邱承

漢有北部的人脈，合作人選更多元。

「邀請一些平時不容易在高雄出現的面孔，除了增加活動的亮點，對在地民眾來說，以前要北上才能看到的展覽、活動，現在在鹽埕就能看到了，也可以為他們帶來不同的啟發，」邱承漢指出。

啟發更多可能

另一方面，他也相信，透過自己的介紹和帶領，這些平時不太有機會來高雄的北部人，會因此對高雄改觀，進而促成更多可能。

像他曾經從台北邀請了紙雕藝術家成若涵，到鹽埕駐村兩週。之後，她以鹽埕為主題進行創作，在「叁捌」的空間舉行展覽，其中一幅作品「鹽埕，國。叁捌，家」，將鹽埕不同的時空，併置在一個畫面中，展出時，曾有觀眾深受感動，在作品前流連不去。成若涵也因為這幅作品，獲得了更多的能見度。

不論是開民宿、出版刊物、辦活動，到現在開咖啡廳，形式不斷地發展，邱承漢的初衷始終不變，就是訴說在地的故事。他在鹽埕經營，也邀請外地朋友加入，讓鹽埕的「老派」風華持續綻放。

為沒落的市場，引進新的活力，透過推廣青銀共市、籌辦電音派對、出版在地文史與生活指南……等作為，凝聚社區共識，並更進一步利用二地居的優勢，串連人脈和資源，讓老社區綻放新生的風采。

蹲點夠久，就有機會被看見

金魚厝邊創辦人
彭仁鴻

走在宜蘭頭城的巷弄中，聽金魚厝邊創辦人彭仁鴻細說在地的人事物，看似平凡無奇的小鎮，突然變得生動有趣起來。

「這家雅方剃頭店，歷史超過五十年。老闆娘十六歲當學徒、十八歲出師，二十四歲開店。她教出的六個徒弟，除了一位留在店裡幫忙，其他五位都在頭城開店，彼此相安無事，從未為了搶客人而傷和氣。

「對面的那家早餐店，女兒之前在外地學了手沖咖啡，現在回到家裡幫忙。所以到他們店裡吃早餐，附餐飲料就是她手沖的咖啡。

「這家花店的老闆娘要考國際花藝證照，想加強英文，剛

好有個來衝浪的外國人要學中文，他們就交換語言，成為『學伴』。

「那家小涼園冰店，民國四十四年開業到現在，是頭城人從小吃到大的冰店，老一輩的人談戀愛，都在這裡約會。」

彭仁鴻是土生土長的宜蘭子弟，但在赴外地求學後，才重新和故鄉建立關係。他蒐集在地文史資料，舉辦「頭城老街文化藝術季」，將前鎮長「邱金魚」的古屋活化，建立「金魚厝邊」的品牌。這個返鄉的遊子，

透過在地人脈與資源的串連、擴散，找出了頭城的新能量與新希望。

「我天生就是靜不下來又雞婆的人，」彭仁鴻如此形容自己。

一九八六年出生的他，小時候透過漫畫而接觸歷史，因而對歷史感興趣。大學考上台大歷史學系，「如果沒有意外，我現在應該是個歷史老師。」然而，命運將他推向了另一條路。

改變人生的領導學程

因為喜歡跟人打交道，彭仁鴻就讀台大時，申請並錄取了台大領導學程。作為該學程第一屆學生，彭仁鴻挑戰了喜馬拉雅山服務、參與「綠島大象」造型溜滑梯活化，並投入八八風災的救災服務。後來他更在學程主任、台大會計學系教授柯承恩的建議下，考進了清大服務科學研究所。

二〇一二年，當時就讀研二的彭仁鴻，在眾多競爭者中脫穎而出，入圍了國家級青年楷模選拔「青舵獎」公共事務參與類的個人組。

值得一提的是，他入圍的事由，除了持續投入公共事務、關懷弱勢之外，募款能力也獲得了肯定。

彭仁鴻透露，他在大二時，幫忙偏鄉學校募款，首次出擊就募到了十七萬元和一千五百本新書，給了他很大的信心。從此他愈做愈有心得，在他入圍「青舵獎」時，總計募款金額已超過三百萬。

「在校園辦活動時，常有大型企業參與，只要鼓起勇氣交換名片，就是建立人脈的好時機，」彭仁鴻指出，有了人脈後，如果企劃書言之有物，加上一點不怕拒絕的堅持，就有機會向

企業爭取到贊助。

二〇一〇年梅姬颱風重創宜蘭，位於南方澳的南安國中毀損嚴重，彭仁鴻號召好友組成協助團隊，經過實地訪查，瞭解在地師生需要一座好的圖書館。於是他們向光泉文教基金會陳淑雲執行長，以及六家扶輪社提案，總計募得九十多萬，為學校打造出嶄新的複合式圖書館，這是他最具代表性的募款事蹟之一。

學生時代的彭仁鴻，從募款實戰中，累積出串連人脈與資源的能力，對於他日後投入地方創生，是很大的加分。

研究所畢業後，彭仁鴻服的是三年替代役。當時他有三個選擇，前兩個是知名的科技公司和化學公司，第三個則是政大創新與創造力研究中心所推動的「區域智慧資本三年計畫」。

不願當「宜蘭天龍人」

如果他選擇前兩者，等於拿到進入大企業的門票，未來的工作算是有了保障。然而，彭仁鴻選擇了政大的學術研究計畫。

他坦言，學生時代曾到大企業實習，體認講究年資、輩分的環境，並不適合自己，「而且，回到初心，我就是個喜歡跟人互動的人。而政大的計畫是要研究宜蘭的文創產業，比起進

彭仁鴻
風型人轉土型人／返鄉定居
宜蘭出身的彭仁鴻，在就讀台大及清大研究所時期常參與創生活動競賽，日後踏上返鄉之路，投入在地實踐。因為很早就意識到需要維繫

入大企業，我應該更能夠發揮。」

彭仁鴻的服役地點，前兩年在宜蘭縣政府，第三年再回到政大。由於研究的主題就是家鄉的事物，彭仁鴻以為自己應該駕輕就熟，沒想到報告交上去，該計畫的協同主持人、政大教育學系名譽教授吳靜吉看了，評語是「很像宜蘭天龍人寫的」。他才驚覺自己對家鄉的瞭解，並不如原本以為的那麼深入。

為了提升對在地的認識，彭仁鴻利用下班時間，參加宜蘭社區大學的社區營造員及社區規劃師培訓課程，一週上課兩次，每次三小時，持續了半年。

課程最後，需要一場實作的演練。彭仁鴻和三位同學組成了「頭城組」，其中兩位同學六十多歲、一位五十幾歲，年紀最輕的他，自然成為主要的執行者。他們花了大約三萬元，辦了一場「頭城文化體驗小旅行」工作坊，結

城鄉之間的關係，因此，透過宜蘭與台北的區位優勢，帶入資源，為地方引入源源不絕的活水，讓頭城成為城市人期待的一處棲地。

果五十多位在地鄉親共襄盛舉。

活動結束後，長輩們殷切叮嚀：「不要辦完活動就跑掉了，要繼續為頭城做點事。」正巧當時他看到了文化部青年村落文化行動計畫，就以「看見頭城新希望」計畫申請，拿下「藝文扎根推廣組」第三名，獲得了四十萬元經費。

將在地文化元素發揚光大，是「看見頭城新希望」計畫的核心精神。一開始，他先在頭城老街發起了「亭仔腳的餐桌」活動，由宜蘭青年學子組成廚師團，將海產、茭白筍、三星蔥等在地食材，結合楊乾鐘的畫、盧纘祥的詩、李榮春的小說等在地藝文作品意象，共推出十道創意料理，並請來頭城的書法家當場揮毫，展現老街的藝術氛圍。

為了聆聽在地鄉親的意見，之後，彭仁鴻和《動腦》雜誌共同主辦「頭城創意論壇」，並沿續「亭仔腳的餐桌」文化美食路線，運用搶孤儀式的食材，推出「舌尖上的搶孤」收費活動。另外，他還企劃了「看見頭城之美」攝影比賽，以「幸福」作為拍攝主題，進行網路票選。

藝術家一對一跨國合作

經過幾個活動的暖身，二〇一五年七月下旬，他所策劃的

重頭戲「頭城老街文化藝術季」正式登場。

在彭仁鴻眼中，擁有「開蘭第一城」之稱的頭城，文化底蘊深厚，從書法世家到插畫家，高手很多。另一方面，由於鄰近的烏石港是衝浪勝地，頭城聚集了來自世界各地的衝浪愛好者，不少人甚至留下來定居，形成小小的國際村。

為了突顯頭城兼具傳統、國際的雙重特色，第一屆「頭城老街文化藝術季」，彭仁鴻找來五位頭城藝術家，搭配五名國外藝術家，期待以一對一的合作方式碰撞出不同火花。

比方說，在地插畫家「鉛筆馬丁」黃興芳，和中文取名毛天恩的厄瓜多畫家 Theo Marmolejo，在中庸街合作了六面牆面彩

五位在地藝術家、五位國外藝術家，一對一的合作激盪出精彩的火花，為頭城老街帶入活化的能量，讓老一輩看見頭城的新希望，更讓年輕一輩感受過往榮光。

繪，前者精細描繪蘭陽平原的風景，後者則巧妙添加象徵台灣的蝴蝶。這六面彩繪保存至今，已成為外地遊客拍照打卡的亮點。

兄弟檔書法家康杰、康懷，分別跟義大利藝術家莫齊 (Tommaso Muzzi) 及來自美國的藝術家漢森 (Cameron Hanson) 合作，在不同的影像手法下，表現書法的運筆氣勢。至於版畫家劉雨芬則搭配加拿大噴漆家佩爾 (Dan Paier)，以頭城地標「龜山島」為主題，創作出奇幻風格的噴漆作品。

另外，由於頭城老街在一百多年前，原本是河道，鐵工廠師傅徐宏達和泰國藝術家明瑪萊 (Jiandyin)，合作製作了七輛船隻造型的藝術腳踏車，象徵昔日河道間行駛的古船，喚起人們對於頭城舊時風華的想像。

除了藝術家之間的跨國合作，藝術季的周邊活動還包括了

文創市集、調酒表演、音樂演奏，甚至規劃了「知識王」、「美食王」的挑戰賽，可以說是琳瑯滿目，不論是在地人，或是外地遊客，都能夠一起同樂。

第一屆「頭城老街文化藝術季」辦得成功，原本還在觀望的在地居民，也主動表達參與市集或表演的意願，從此成為頭城的年度盛事，至今已經舉辦了六屆。

不同於時下許多老街的商業擺攤模式，彭仁鴻用藝術為頭城老街帶進活化的能量，讓老一輩看見頭城的新希望，也讓年輕一輩感受頭城過往的榮光，「外地遊客的人氣還在其次，重點在於連結在地民心，」彭仁鴻強調。

堅持住在頭城

回想籌備第一屆活動時，彭仁鴻在政大服第三年的替代役，他沒有在台北租房子，而是選擇頭城、台北兩地通勤。

雖說台北、宜蘭之間搭客運相當便利，採取「一日生活圈」模式，並不困難，不過，有時候他下班後到學長開的設計公司，討論藝術季的視覺呈現，然後趕末班車回頭城，抵達家門時已是半夜，隔天一早又要到政大上班，其實還是很辛苦。

「我擔心如果自己沒住在頭城，跟土地的關係疏遠了，一

有惰性，藝術季就辦不出來了，」彭仁鴻解釋。

透過舉辦藝術季，也讓他將人脈與資源的串連，發揮得淋漓盡致。

彭仁鴻在學生時代，曾經擔任宜蘭縣全國大專院校校友會（簡稱蘭友總會）理事長。他將過去千篇一律的迎新晚會，改在三星鄉的稻田裡舉行，象徵宜蘭精神的傳承。別出心裁的方式，令人耳目一新。

後來他在宜蘭縣政府服替代役，還協助成立宜蘭縣青年學院，舉辦課程、講座，串連有志扎根故鄉的宜蘭青年。

因為已經建立了在地青年的人脈網絡，彭仁鴻在招募藝術季志工時，很快獲得了迴響，第一屆志工團就多達六十五人。至於志工們的食宿，則是靠在地店家熱情贊助。

在藝術季籌備期間，彭仁鴻一一走訪在地的店家，除了協助他們行銷，也表達年輕世代想為頭城做事的心聲，總計獲得五十七間店家支持。這些店家不僅包辦了志工們在活動期間的三餐，連歡迎國際藝術家到訪的晚宴，各小吃店也分別提供一道菜，讓這些外國友人更直接感受在地鄉親的熱情。

至於網路行銷，他則是跟在地最大的臉書社群「頭城二三事」合作，除了可以迅速擴散資訊，也有助於招募志工。

跟里民當好鄰居

另外，彭仁鴻也爭取到鄰近蘭陽博物館的配合，對方特別將該季的「夏天爵士音樂會」，安排在藝術季開幕的當天晚上，讓兩個活動串連，發揮更好的行銷宣傳效果。

某次因緣際會，彭仁鴻得知老鎮長邱金魚的故居將遭拆除，改為停車場。他為了傳承老鎮長熱心服務、與里民做好鄰居的精神，便承租下來，取名「金魚厝邊」。

對外地遊客來說，「金魚厝邊」是老街小旅行的一站，可以感受老屋的氛圍，親近歷史文物；而對在地人而言，它除了交流各種資訊，也是藝術家、職人舉辦展覽及開課的空間。

從服替代役開始，六、七年來，彭仁鴻幾乎都在家鄉「蹲點」，他深入頭城的人際網絡，找出那些隱身於巷弄的高手，挖掘他們的故事，再透過藝術季的平台擴散出去，將頭城打造為國際藝術村。

籌辦過程中累積的點點滴滴，也成為彭仁鴻發展「金魚厝邊」這個品牌最好的資產。像教育部的「青年壯遊點ＤＮＡ」計畫，「金魚

厝邊」就是宜蘭四個營運單位之一；景觀顧問公司承攬縣政府的頭城規劃方案，也找「金魚厝邊」作為地方合作團隊。

因為豐富的實務經驗，彭仁鴻受東吳大學商學院院長傅祖壇之邀，開設「創意產業經營專題與實作」、「地方創生事業經營管理與實作」、「在地經理人實作場域見學」、「設計思考與職涯探索」等四門課程，培育創生新血。他有感而發：「只要在地方蹲點夠久，就一定有機會被看見。」雖然疫情影響了年度的藝術季安排，二〇二〇年下半年，彭仁鴻仍有重大計畫。作為經濟部「在地青年創育坊」入選單位之一，他開始投入在地創業輔導，推動「GO FIT 宜蘭青年創業加速器」。

彭仁鴻指出，宜蘭人文薈萃、地理環境有山有海，是推動健康產業鏈的優勢，適合發展健身休閒、保健諮詢、養身飲食、綠色環保等相關產業，因此他希望藉由在地資源的串連，幫助有想法的青創團隊，在宜蘭落地生根。

在家鄉開創自己的舞台

當年選擇替代役時，彭仁鴻沒有進入大企業，考量的原因之一，就是希望開創自己的舞台。如今，他的確在家鄉打造了讓自己發光發熱的舞台。

「我擔心自己如果沒住在頭城，跟土地疏遠了，藝術季就辦不出來了。」彭仁鴻持續與鄉親搏暖，贏得認同與信賴，為自己和頭城打造發光發熱的舞台。

一開始彭仁鴻當然也面臨了質疑的眼光，有人認為他只是做完計畫就走，或是打算投入選舉，甚至還有長輩直言：「你做這些不是愛頭城，每天去媽祖廟前掃地才是愛頭城。」

彭仁鴻不多辯解，抱著當「好厝邊」的心情，持續跟鄉里鄉親「搏暖」，一家一戶地拜訪、溝通，慢慢培養信任感。贏得愈來愈多認同，更獲得許多頭城出身的前輩支持，比如旅美企業家魏朝宗去年專程自美返鄉參與藝術季開幕式，用實際行動參與並贊助金魚團隊，讓年輕人在地方上愈能施展身手。

因此，不論是返鄉、移居，或是「二地居」，身為過來人的彭仁鴻相信，除了理想，還要深入當地文化，用耐心拓展人脈和資源。只要根扎得深，就有機會開花結果。

熱血教練和他的後山練習曲

練習曲書店創辦人
胡文偉

走出位於花蓮縣的新城車站，前方是海，遠處有山。天高地闊，陽光燦爛，人的心境也變得開朗、明亮起來。

離車站不遠，在新城天主堂旁，有一家「練習曲」書店，灰白色外牆，開了兩扇窗戶，木頭窗框十分醒目，牆面上標示著「閱讀、飲食、講座」等字眼。

這家「練習曲」書店跟一般書店不太一樣。店裡擺滿了書，卻只借不賣，至於收入，主要靠

販售咖啡、冰品。

「我開書店，本來就不是為了賺錢，」書店創辦人胡文偉表示，當初成立的初衷，是為了給新城國小棒球隊的小朋友們一個讀書的空間，拿出自己的書佈置成書窩。沒想到陸續有人上門借書，有人借了不還，也有人借了一本書，結果還了一箱書，因此店裡的書，愈來愈多。

除了書店老闆，胡文偉的另一個身份，就是新城國小棒球隊的總教練。

夏日午後，書店裡不時湧進好奇的遊客。

胡文偉除了招呼客人點咖啡、處理居民的借還書，還忙著接電話，協助學生家長幫孩子辦轉學手續，一刻也不得閒。

胡文偉是六年級生，雖然年過四十五，仍有赤子般的滿腔熱血，二〇一五年起，他長駐新城，將在地已經解散的國小棒球隊，重新復隊，也讓這座濱海小鎮，成為一個有故事的地方。

在花蓮的第二人生

如今已經把花蓮當作第二故鄉的胡文偉，台南人，來自一個隔代教養的家庭，美術科系背景，當年他是因為到花蓮當兵，從此和此地結下了不解之緣。

退伍後，他跟在花蓮結識的友人合開廣告公司，天性熱愛交朋友的他，就在台北跑業務，然而卻以失敗收場，還欠了一屁股債，人生一時頓失方向。

換過了幾份工作後，二〇一〇年，在朋友的介紹下，胡文偉來到玉里，接下了農委會輔導的學童種稻體驗案，工作之餘，時常去看鄰近國小的棒球隊練球。

胡文偉從小喜愛棒球，可惜學校沒有球隊，他只能跟同好用簡陋的球具打克難球，過過乾癮。當他看著花蓮的小球員在球場上努力練球，童年未竟的棒球夢，在他心中甦醒。

胡文偉

土型人／移居入鄉

台南出身的胡文偉，尋尋覓覓，以花蓮新城為安身立命的實踐之地。從棒球教練切入，大舉整修、創造在地不曾想像的空間，讓孩子不必離鄉背井，可以在故鄉成長；並且提升地方魅力，感動許多關係人口，成為新城的後盾支持。

偏鄉學校容易遇到經費不足的困境，棒球隊也不例外。為了替小球員們籌措經費，胡文偉和在地夥伴將耕作、讀書、圓夢三件事，合而為一。

改變人生的希望

胡文偉透過學童參與農事的體驗，讓孩子感受農夫的辛勞，進而引導正確的飲食觀念。稻米收成後，他再結合故事行銷，義賣「圓夢米」，所得則回饋到孩童身上，幫他們圓夢。

胡文偉採取「一分耕耘，一分收穫」的方式，而非直接向企業募款，可以說用心良苦：「小朋友很容易習慣，一旦習慣了掌心朝上伸手尋求幫助，不是件好事。我希望教他們手心朝下，用自己的努力

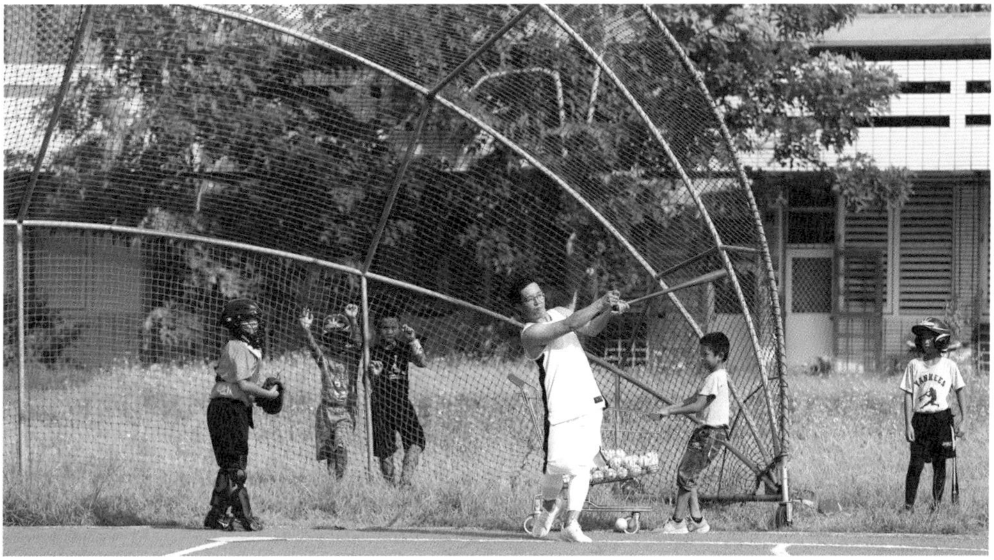

換取圓夢經費，這樣他們才會更懂得珍惜，瞭解一切得來不易。」

之後小球員們也不負期待，代表花蓮出戰各大賽季，都有不錯的成績。幾年後，他們升上國中，想繼續打棒球，然而學校沒有棒球隊，也沒有棒球場，胡文偉仍一路相伴，幫忙組球隊、蓋球場，以及籌募教練的薪水，直到他們升上高中，分散到各地就讀。

二〇一五年，胡文偉自費出版《棒球練習曲》。書中記錄了他在偏鄉學校推廣棒球的所見所聞，以及小球員成長的點點滴滴，並結合攝影師曾國倫的照片，算是送給這群孩子的畢業禮物。

「棒球在偏鄉部落，不只是運動，而是一個改變人生的希望，就和讀書一樣。只是這群孩子選擇了棒球，」胡文偉強調，

棒球能教孩子的，不只是球技和體能，更多的是改變孩子的品德與態度。

因此，新書出版之後，胡文偉巡迴全台各三級棒球（少棒、青少棒、青棒）學校，將書贈送給球隊和教練，宣導品德教育的重要。胡文偉認為，球技再好，品德不佳，將來就可能打假球，一旦被發現，在球場上從此無容身之地，人生也一無所有。

胡文偉也曾捐出二百四十本的《棒球練習曲》義賣，為有志棒球的孩子籌措訓練經費。沒想到，搖滾天團「五月天」的怪獸登高一呼在網上分享，歌迷熱情響應，花蓮縣政府也主動提撥經費，順利達標所需的金額。

重組棒球隊

二〇一五年九月二十六日，新城國小的運動場上，胡文偉帶著十八名學童，進行跑步訓練，以及基本傳接球練習。中斷了十多年的棒球隊，復活重生。

新城國小棒球隊有著輝煌的過往，拿下了關懷盃、花蓮縣少棒冠軍，以及一九九五年中華少棒代表隊選拔第四名。後來因故解散，沒有球隊，沒有教練，孩子們只能自己在海邊打球消遣。

某天，胡文偉來到海邊，遇到這群打棒球的學童，便跟他們一起打球。他問孩子：「你們是棒球隊的嗎？」得知在地國小沒有棒球隊，便脫口而出：「那我來幫你們組隊，好不好？」

胡文偉沒有開玩笑，這是他第四次協助偏鄉學校辦棒球隊，在校長張世璿的支持下，新城國小棒球隊再次成軍。開訓當天，球員還沒有正式球衣、球帽，穿的是四維高中贊助的運動服和帽子。

不過，比起球衣、球帽，或是其他裝備，偏鄉學校要發展棒球隊，最缺乏的其實是專業教練，以及付給教練的薪水。新城國小棒球隊成立初期，因為經費有限，胡文偉就自己跳下來教球，擔任不支薪的總教練。

由於他並非專業球員出身，一開始也有人質疑他憑什麼當

教練。但是胡文偉認為，即使是職棒球員退下來，當教練也得重頭學習，於是他除了自我充電，考取了棒球教練執照，也找他當年在玉里國小帶過的球員，來幫忙教球。

先培養品格再求贏

雖然是克難成軍，新城國小棒球隊的小球員很爭氣，球隊成立一年半，就拿下了國小棒球聯賽花蓮縣第二名，拿到爭取全國賽的代表權。這是全國新成立球隊，拿下代表權最快的紀錄。

勝利雖然值得喜悅，但是胡文偉坦言，為偏鄉學校成立棒球隊，倒不是要栽培職棒選手，或是為國爭光，「我的出發點很簡單，就是讓這些孩子有個地方可待，培養紀律，以後可以當個好人，做點好事。」

他長駐在花蓮偏鄉，深知部落孩子很多來自單親家庭，或是隔代教養，擁有的資源遠不如都市小孩，放學之後，不要說安親班、才藝班，連網咖都沒得去。有棒球作為他們的休閒活動，比較不容易學壞。

因此，胡文偉除了是球隊的總教練，也像孩子們的大家長。他不只訓練球技，也盯他們做功課，甚至還當司機幫忙接送。

原來，球隊中有一對兄弟檔，住在宜蘭縣最南端的澳花村，他們為了打棒球，轉學到新城國小，每天必須搭火車上、下學。新城車站距離學校還有段路程，胡文偉就負起接送的工作，早上去車站接他們上課，傍晚再送他們去搭火車回家，日復一日。

偏鄉孩子需要陪伴

來到花蓮發展之後，胡文偉有不少貴人相助，已故的紀錄片導演齊柏林就是其中之一。

當胡文偉還在玉里國小時，曾經將教小球員耕種，以籌措經費的企劃，參加了某酒商的「夢想贊助計畫」選拔。齊柏林當時是評審，他很認同胡文偉偏鄉扎根的想法，除了投下贊成票，之後還多次捐錢贊助。

有一次胡文偉付不出教練的薪水，勉為其難向齊柏林開口，對方二話不說，幫忙把教練的薪水付了，讓他感念在心。

齊柏林常提醒他，偏鄉孩子缺乏陪伴，需要有人願意奉獻心力陪他們成長。從此，「陪伴」兩個字，便在胡文偉心頭縈繞不去。

之前小球員下課後，因為沒地方去，就跑到胡文偉家窩著，結果人愈來愈多，快要擠不下了，於是他就租了附近的工寮，

胡文偉童年未竟的棒球夢，在花蓮的第二人生實現了。不只訓練小球員球技，也幫忙盯功課、接送，更帶領他們耕作，用自己的勞力，為球隊賺取圓夢經費。

改建之後，提供孩子一個吃飯、寫作業的空間。後來校長把家裡閒置的鋼琴搬過來，又有人送來咖啡機，加上他自己本來就有很多藏書，因而有了這家「不賣書的書店」。

取名「練習曲」，胡文偉解釋：「人生的每件事情，都需要練習，就像是棒球，也是每天都在練習。」

二〇一七年年底，「練習曲」對外開放。胡文偉的經營方式很隨興，在店裡只要看到喜歡的書，留下姓名和電話號碼，一次可以借三本書，三個月內親自送回，或是郵寄回來即可。因此，除了當地居民，也有外縣市遊客上門參觀時，順便借書回去，胡文偉透露，整體還書率有八成，還算不錯。

「練習曲」知名度傳開後，書店裡不時有客人出沒，空間

又不夠用了。二〇一九年，胡文偉整理出另一個空間，名為「好好吃食堂」，假日賣冰，平日則供應球員晚餐，孩子們吃完飯，就留下來寫作業，或是由志工輔導課業。

發展運動外的興趣

為了照顧小球員們的日常起居，胡文偉還設立了「野球宿舍」，可以住二十幾個球員，球隊幾乎成了孩子們第二個家。除了打造生活的硬體設施，胡文偉會定期安排淨灘活動，也會帶孩子去看電影、看展覽、逛書店，讓他們有機會接觸、發展棒球之外的興趣。

胡文偉認為，孩子們在努力打球之餘，也應該培養第二專長，為未來做準備。像他就安排之前帶過的球員，到朋友開的麻糬店打工、學習烘焙，未來即使沒有進入職棒，也可以靠著一技之長在社會上立足。

二〇二〇年九月二十七日下午，在「新城藝術電力公司」，邀請了相聲大師朱德綱，和他成立的「八斗喜說演班」，上演了一場趣味橫生的相聲表演。場內座無虛席，甚至還有觀眾擠在門口觀賞。

「新城藝術電力公司」前身是當地的台電大樓，已閒置一

段時間，胡文偉承租下來後，靠著自己動手施工，加上學生幫忙，改造成在地的藝文空間。第一波活動，就是新城在地青年藝術家盧俊翰的作品，他以色彩鮮豔的色塊，呈現花蓮的山與海，十分有特色。

打造藝文社區

這是胡文偉在新城的第五個據點，美術背景的他，還租下了一間日式老屋，打算規劃為畫室，未來可以作為另一個藝文空間。

胡文偉指出，新城靠海，土壤比較貧瘠，農業發展不易，在地也沒有什麼產業，因此人口外移嚴重。雖然有山有海，然而花蓮的觀光景點太多，「遊客只會一直經過新城，然後一直離開新城，對這個地方沒有任何記憶。」

然而胡文偉不願意成為新城的過客，他扎根在這裡，除了發展基層棒球隊，也逐步開發據點。他的書店、食堂、畫室、藝文中心，結合新城天主堂、以檸檬汁聞名的佳興冰果室、電影「盛夏光年」取景的「新城照相館」，以及他協助規劃的黑膠唱片咖啡廳「懷舊曲」，新城有了更多讓人駐足的理由。

胡文偉的夢想藍圖，就是把新城打造成藝文社區。他想做

不願成為過客，胡文偉選擇札根新城，培養基層棒球隊，經營書店、食堂、畫室、藝文中心，新城因此有了更多讓人駐足的理由。

的事很多，然而資源有限，有時不得不採取克難作法，反而有意想不到的效果。

以工換宿，吸引關係人口

像「練習曲」書店不以營利為目的，很難聘請到專職的店長，於是他就以「以工換宿」的方式徵求店長，期限為五天到一個月。來來去去的店長中，有園藝師、醫師，也有歌手、工程師，停駐的時間或長或短，都成了新城的「關係人口」。隨著他們的「新城經驗」不斷擴散，很多人來到花蓮旅遊時，除了前往七星潭、太魯閣，也願意花時間專程拜訪這個濱海的村落。

或許，將有更多人選擇留下來，像胡文偉一樣，把新城當作第二個故鄉。

台東除了慢活 也能共工、共創、共好

邸 Tai Dang 共同創辦人
劉誥洋

二〇二〇年七月二十五日，邸 Tai Dang 在台北舉辦了「移駐台東吧」分享會。

根據邸 Tai Dang 共同創辦人劉誥洋的說法，這是第一次有地方創生團隊，北上分享人才招募方案，「我們要做的事很多，但是人力不足，很需要大家一起來共襄盛舉。」

邸 Tai Dang 這次提出的移駐方案，主要分為三大類型，第一種是完全移居台東，像是品牌營運的專案經理等；第二種是二地居住，

適合 SOHO 族或接案工作室，主要跟數位課程網站經營或是社群媒體經營有關；第三種方案最為彈性，可以用「關係人口」的模式，協助邸 Tai Dang 從事拓展和媒合的工作。

分享會當天，大約有五十多人參加，事後劉誥洋也收到了不少履歷，對於到台東工作感興趣的人，顯然愈來愈多。

劉誥洋在開場的投影片中，

放了一句文案：「每個人生都應該有一個 chapter（篇章）叫台東」，事實上，他自己的人生，也因為來到了台東，展開了新的篇章。

為了健康休養一年

劉詰洋是六年級生，高雄美濃人，「因為從小就生長在鄉下，移居台東後，完全沒有適應問題，」他笑道。

他二專、二技都念高雄餐飲學院，很多同學如今都是知名餐飲集團或旅館集團的高階主管。他自己雖然沒有進入服務業，但由於在求學階段，經常參訪各大餐廳，還要寫報告、跟同學討論，對於服務業有相當的認識，為他後來在台東輔導在地的服務業，打下了基礎。

退伍後，劉詰洋陸續在企管顧問公司與法人單位，從事在地企業輔導的工作。他經手的案子包括「小琉球國際觀光服務認證輔導」、「菁寮無米樂社區」等。

他工作賣力，在前後兩家公司的職位都是一年三級跳，不過身體狀況也大受影響，各種健康指數居高不下，睡也睡不好，而且人生好像只剩下工作，於是他遞出辭呈，休息了近一年。

之前因為工作的關係，劉詰洋經常跑各縣市，後來選擇在

劉詰洋

土型人兼風型人／移居入鄉

高雄出身的劉詰洋，因為工作，舉家搬遷台東。除了承接政府專案，並成立「邸 Tai Dang 共同工作空間」，作為在地創業青年彼此認識、腦力激盪的平台。團隊也

台東落地生根，對他來說，算是一場人生的意外。

二〇一三年，他就讀高雄餐飲學院時的幾位老師，標下了台東縣政府的「台東觀光人才訓練計畫」，需要有人長駐台東。正好劉詰洋休養生息告了一段落，就接下這個任務，跟太太陳怡萍一起搬到台東定居。

「另外有個私人的理由，就是我跟太太結婚三、四年了，一直沒有小朋友，所以也想換個可以好好生活的環境，」劉詰洋透露。

首日開課，兩人到場

他在台東執行的業務，主要針對旅宿業者開課，加上大師講座、工作坊，全年授課時數大概四百小時，地點涵蓋台東市區、西岸的山線及海線，甚至是綠島，不過，也因為跑遍

引入二地居的思維作法，前進台北徵才，期待透過彈性模式，吸引關係人口或移動實踐者，為台東的發展共同打拚。

了台東，劉詰洋快速認識了這個地方，也結交了不少當地的朋友。

雖說移居台東，劉詰洋沒有適應問題，不過初來乍到之際，還是因為不諳在地人的習慣，經歷了小小的「文化衝擊」。

劉詰洋回憶，剛開始開課時，按照過去經驗，他印製了一堆海報，然後到各鄉公所張貼，忙了一個星期，以為這樣就可以達到宣傳的效果。結果第一天只有兩個人來上課，讓劉詰洋不禁傻眼。

後來他才知道，台東人很依賴從網路獲得資訊，要宣傳課程，最好的方式，就是到臉書社團貼文。例如台東最知名的在地社團「就是愛台東」，成員人數超過十二萬，從賣東西、尋找失物，到揪團看電影，各種生活資訊都在這個平台流通，還設有

活動專區，在地人開的手作課程也在這裡宣傳。

有趣的是，在其他縣市，如果發公文請鄉公所幫忙宣導，效果往往不佳。然而在台東，這招反而行得通。找到宣傳的門道後，每次來上課的人數，就大概可以維持四、五十人。

第一年專案執行的成效不錯，第二年繼續拿到標案，如今這個專案已經執行到第七年。

曼谷文青咖啡廳的啟發

在台東落腳後，劉詰洋除了從事政府專案，也希望做自己的事。一開始，對於該做什麼，他其實沒有具體的方向，「開民宿，不是我的興趣，至於務農，我應該連鋤頭都拿不起來，」劉詰洋笑道。

直到有一次，他跟太太去曼谷旅

行，遇到了一家咖啡廳，心中的藍圖才豁然清晰。

這家隱身在小巷中的咖啡廳，名為「Casa Lapin X26」，是由建築師將紅磚老屋改建的複合式空間。那兒的一樓是咖啡廳和共享工作空間，二樓則是背包客棧，門前還有個綠意盎然的花店。

發揮專長一直是劉詰洋的自我期許，既然他輔導企業已累積了不少心得，為何不在台東提供一個類似「Casa Lapin X26」的空間，作為在地創業青年彼此認識、腦力激盪的平台呢？

返台後，劉詰洋就開始尋找適合地點，正好台糖老廠長的宿舍要出租，他就租下來進行改造，經過三個月重新整理，規劃出共同的工作空間、住宿、會議室、廚房等空間，二〇一五年七月，「邸 Tai Dang 共同工作空間」正式開幕。

劉詰洋解釋，取這個名字，因為在昔日農業社會，糖廠廠長也算頗具身分，稱他的住所為「邸」，並不為過，而「邸 Tai Dang」用閩南語發音，意思是「在台東」，成立這個共同工作空間的宗旨，就是在台東共工、共創、共好。

在硬體上，邸 Tai Dang 提供了約二十張桌位、會議室、高速網路、事務傳真機、投影機、私密討論空間，甚至還有小型商品攝影棚，滿足了 SOHO 族基本的工作需求。

落腳地方，不是只能種田、開民宿。劉詰洋發揮自身的專長，成立了讓在地創業青年能夠共工、共創、共好的空間。

有了空間，劉詰洋開始展開人的串連，舉辦了多場青年創業小聚，讓原本互不相識，但是懷抱創業夢想的青年彼此認識，

探索合作的機會。之後，他再透過自身的人脈，邀請專業講師舉辦創業課程，講授在地青年創業所需的知識與技能。

劉詰洋雖然不是土生土長的台東人，移居之後，他很努力跟這塊土地建立關係，台東也因此成為他熱愛的第二故鄉。

舉例來說，他們推出了「來去台東計畫」小旅行，走訪台東市、延平、關山、糖廠、馬蘭社區等地，吃老店美食，透過行走和尋味，

感受台東的風土人情。

另外，邱 Tai Dang 也找來插畫家亨亨 XS Hang，請他用一個月的時間，在台東的市區巷弄漫遊速寫，製作成靛藍色手繪地圖，印出一萬份，免費提供民眾、台東旅宿業者索取，讓遊客按圖索驥，探索台東市區人文軌跡。

二〇一六年七月，尼伯特颱風橫掃台東，市區許多街道招牌都被吹垮，滿目瘡痍。劉詰洋便和太太發起了「街角名片計畫」，幫助四十位受災商家重新做看板。

幫助受災商家重建招牌

當時他們上網一呼，短短九天，就有五十位設計師響應，願意無償協助設計招牌。只是四十面招牌所需要的八十萬資金，卻募集不易，差一點導致計畫中斷，所幸後來獲得國泰世華銀行贊助，解決了問題。

然而，原本預計合作的四十家商家，最後只促成二十八家。劉詰洋解釋，部分商家對於美感的想像，比較傾向字體大、用色鮮豔，而年輕設計師則偏好簡約、素雅風格，溝通未果，商家最終還是找了熟悉的招牌廠商合作。

雖然結果稍有遺憾，但仍有二十八家商家掛上嶄新的招牌，讓市容展現不一樣的面貌。

作為「街角名片計畫」的推手，劉詰洋接受了數家媒體採訪，國泰世華銀行還特地拍攝了紀錄片，而台東縣政府於災後在台北火車站舉辦了「支持台東」聯合公益展售會，時任縣長的黃健庭也安排他上台發聲。各種曝光為他打開了知名度，因此愈來愈多朋友為他引薦人脈，促成合作。

成立邸 Tai Dang 共同工作空間之後，劉詰洋和在地創業青年有了更深入的交流，他觀察，青年返鄉創業，大半是單打獨

鬥或夫妻雙人檔，人手有限，面對創業中的百廢待舉，難免應接不暇。

劉詰洋舉例，台東有很多農創業者，平時除了忙於農事，收成之後包裝，為了推廣得跑市集，還要抽出時間經營社群，而可用人力不過一二，可以說非常辛苦。

為了提供創業者更全面的協助，二〇一七年，劉詰洋獲得了經濟部育成計畫的補助，成立東部第一、目前也是唯一的民間創新育成中心。由於九七・五%的育成中心都設在學校，邱 Tai Dang 算是少數的例外，相當難得。

東部第一家民間育成中心

邱 Tai Dang 主要從事「前育成」的輔導。他觀察，很多在地青年為了照顧年邁家人，決定返鄉發展，但是對自己在台東可以做什麼，欠缺具體的想法。家裡如果有田有地，可能就種田、種水果，如果有房子，那麼就開民宿，但是實際投入後，才發現一切比想像來得辛苦，沒幾年就會不了了之，甚至放棄。

因此，一開始劉詰洋會採用「肯定式探詢」，引導創業青年聚焦競爭力。這套方法由心理學博士吳靜吉從國外導入，透過發掘自我（Discover）、構築夢想（Dream）、設計行動方案（Design）、擴大影響力（Deliver）等四個步驟，找到返鄉創業的方向。

邱 Tai Dang 成立育成中心後加入了義守大學的台東縣政府一站式產業輔導計畫協力團隊，每年大約輔導十位業者，直到二〇一九年，共深入輔導了約六十家。

到目前為止，邸 Tai Dang 所參與的輔導個案中，要以賣「阿粨」的「粨發粨粽」，發展最為成功。

打造「阿粨商機」

「阿粨」是原住民吃的粽子，將糯米、小米或高粱裹入內餡，再以假酸漿葉包覆，最外層包上川燙軟化後的月桃葉，再以棉繩綑綁後煮熟，跟漢人的粽子有相當不同的風味。

粨發粨粽前身是「達魯瑪克社區廚房」，第一代創辦人是部落長老，傳到第二代，已有不錯的成績，不少花東飯店都指定它的阿粨，作為宴客餐點之一。

第三代經營者原本在外地工作，因為父親年紀大了，回鄉承接家裡的事業。他們成功地將自家的阿粨

推廣出去，但是對於如何從家庭手工製作的規模跨向食品加工廠，卻沒有頭緒。

邱 Tai Dang 居中牽線，為粨發粨粽找到了東部食品加工衛生安全的專業老師，順利規劃廠房，使產能大幅躍進，從原本月產一、兩萬顆，提升到七萬顆。

粨發粨粽除了把原本只盛行於部落的食物量產，並且打破市場藩籬，不但在各縣市超市都找得到它的產品，甚至賣到香港、馬來西亞、新加坡等地。由於阿粨所用的假酸漿葉是高纖植物，有益於腸胃蠕動，幫助消化，是現代人的熱門需求，未來還可以開發出不同的產品。對於在地居民來說，「阿粨」的發揚光大，不但創造商機，也鼓舞了士氣。

「在創業輔導上，公部門提供的協助比較偏向『正增強』，就是當你需要錢、空間，政府就給予補助，」劉詰洋指出：「像我們民間做的事，則是『負增強』，就是把可能阻礙你的東西拿走。」

像生產規模太小，是阻礙粨發粨粽發展的路障，邱 Tai Dang 就幫忙清除。另外，很多在地的小農、伴手禮業者，由於人單勢孤，很難把產品推廣到外縣市，於是，邱 Tai Dang 就把業者串連起來，帶到台北、高雄等地的百貨公司，舉辦「快閃店」

的活動。

「做這件事，成本不高，只是需要有人去談，就能幫助這些創業品牌走出台東，提升在外縣市的能見度，」劉詰洋說。

合作美食影片推廣台東

二〇一九年年初，邸 Tai Dang 將近一百五十坪的台糖舊砂糖倉庫，改造為東部唯一民間成立的創生基地，提供良倉選品、幫客戶規劃小旅行路線、創業規劃、商業空間等多項新移民或返鄉者需要的服務。

為了推廣台東，劉詰洋還跟美食節目主持人陳鴻合作，推出「阿鴻的行動餐桌」系列影片，走訪台東各角落，尋找優質的在地食材，製作美味的料理。

當初因為承接政府專案移居台東，而黏上這塊土地後，劉詰洋成立了邸 Tai Dang，先是打造共同工作空間，然後發展為育成中心，經過大約七年的時間，逐漸成為培力台東青年創業

的領頭羊。

企業輔導原本就是劉誥洋的專業，而他來到台東後，刻意放慢腳步，從人的連結開始累積，並堅持把每一件小事做好，因此能夠在這塊土地上站穩腳步。

「台東有大山大海，很容易激發想像、創意和活力，對於自由工作者、數位游牧者來說，是個工作和生活容易取得平衡的環境，」劉誥洋細說起移居台東的心得：「而且，台東人對人很熱情，特別是對待外地人的開放與接納度，也是我覺得生活在台東很舒服的原因之一。」

而他的努力，就是希望讓更多人發現，台東除了慢活，也是個共工、共創、更好的地方。

很多有志返鄉發展的青年，對於自己要做什麼，欠缺具體的想法，實際投入後發現比想像的辛苦，邱Tai Dang成立育成中心，輔導有志者找到返鄉創業的方向，也協助在地品牌走出台東，提高能見度。

移動是日常
馬祖青年的「候鳥」群像

馬祖青年王雅婷、蔡沛原、
曹雅評、王錦儀、林庭旭

「辛樂克」颱風帶來的風雨中，在馬祖北竿開設咖啡店「百分幸福」的王雅婷好不容易後補上了返台的班機，展開為期三天的假期。

時間很短，對於王雅婷來說，卻是迫切需要的喘息，「我已經一個半月沒有休假了，」她透露。

王雅婷是七年級生，父親是北竿人，移居台灣後結婚生子，而她從小在台灣長大，雖有一半的馬祖血統，跟家鄉的關係其實有點疏遠。

從台北市立大學視覺藝術學系畢業後，由於父親回南竿幫朋友蓋房子，透過介紹，王雅婷得到了一份在南竿民宿「日光

海岸（現改名日光春和）」的工作機會，成為她回馬祖工作的起始點。

工作了約一年，王雅婷自認有必要充實所學，便返回台灣，一邊去大學的教育推廣中心，進修手沖咖啡、旅館客房管理等課程，一邊在百貨公司從事銷售工作。後來北竿親戚開設的「台江大飯店」需要人手，她又回到馬祖工作。

雖然在旅宿業工作，王雅婷還是對做餐飲比較感興趣，特別是咖啡相關，當任職於馬祖風景管理處的朋友告訴她，有個廢棄空間可供租用，王雅婷就毅然辭掉民宿的工作，把空

間租下來開咖啡店。

王雅婷的「百分幸福」位於戰爭和平紀念館附近，原本是軍事據點，背山面海，視野極佳。店面不大，就是室內的料理區，以及室外的座位區。因為是小本生意，王雅婷沒有請員工，從備料、製作，到服務客人，全是她一人負責。

觀光業淡旺季明顯

選擇在家鄉開咖啡店，吸引王雅婷的是北竿的自然景觀，以及悠閒的生活步調。「在當地人眼中，這裡的一切很理所當然，我從小在都市長大，反而會特別珍惜，」王雅婷說，在北竿完成一天的工作後，隨時可以走到海邊踏浪、吹海風，跟大自然對話，這是在都市工作無法享有的生活型態。

王雅婷雖然不是土生土長的北竿人，由於島上有親戚，很容易跟在地的人際網絡接軌，不會感到格格不入，而且需要幫助時都能獲得支援，是她回到家鄉創業的優勢。

美中不足的是，馬祖冬季酷寒，因此觀光業有明顯的淡、旺季，像王雅婷做的是觀光客的生意，冬季根本無人上門，只好休業。因此，「百分幸福」只能在旺季（二月到十月中）營業，其他時間她就留在台灣，接百貨公司的銷售工作。

從二〇一六年創業以來，王雅婷一直維持著馬祖、台灣兩地遷移的模式。她坦言，天候造成的淡、旺季差異，很難克服，只能選擇去適應。不過，幾年下來，她也開始試著跟在地的民宿、旅遊業者討論，看看未來是否能開發一些冬季的行程，延長她在北竿停留的時間。

王雅婷是在台灣長大，因為回到北竿工作，而採取「二地居」的型態。事實上，馬祖、台灣兩地跑，是很多馬祖人生活的常態。

一方面是因為過去的時代背景，身處戰地的馬祖居民熱衷來台灣置產，因此兩地都有據點；另一方面，由於馬祖沒有大學，當地人來台灣求學、工作，建立在台灣的人際圈，即使日後返鄉發展，也可能因為探親、訪友而頻繁來台，像圖亞圖創意工作室負責人蔡沛原就是其中一例。

尋找最適合馬祖的色調

蔡沛原是東引人，國小畢業後，為了更好的教育環境，母親就帶她到台灣求學，一路念到文化大學景觀設計系，之後便留在台北，進入知名的設計事務所上班。

二〇一六年，東引鄉公所為了吸引觀光客，效法歐洲特色

王雅婷

土型人／二地居

從小在台北長大，雖然父親來自馬祖北竿，但王雅婷跟家鄉的關係有點疏遠。因為工作，回到馬祖。因為喜歡北竿的自然景觀及悠閒的生活步調，選擇在家鄉開咖啡店，觀光淡季則在台北的百貨公司從事銷售工作。

漁村的作法，將漁村漆成五顏六色，用意雖好，但是操之過急，承包的設計公司直接拿著油漆色票，請住戶挑選自己喜歡的顏色，搭在一起卻不和諧，引發外界爭議，中央政府決定提撥預算，重新執行東引、南竿等地的景觀工程。

蔡沛原得知消息後，很希望自己任職的事務所爭取這個案子。然而，由於做離島的設計案，交通成本較高，事務所興趣不大，後來是她文化的老師所組成的團隊，拿到這個案子。

一心想要參與此案的蔡沛原，便辭掉工作，以自由工作者的身分，接下了專

蔡沛原

土型人／二地居

蔡沛原是馬祖東引人，國小畢業後到台北求學，之後便留在台北，進入設計事務所上班。因為接觸公部門專案，開始回到故鄉工作。目前工作重心以馬祖為主，但仍然定期返回台北享受都市生活，雖然步調較快，卻總能讓她在流動中找到靈感，為專業充電。

案經理人一職，為了研究最適合島上的色彩系統，她開始每個月回馬祖做調查，每次大概待上一週到十天。

完成這個專案後，蔡沛原計畫出國念書，準備留學事宜時，為了開源，她陸續承接馬祖公部門的設計案，其中一個門牌更新案頗受好評，蔡沛原因此獲得好幾家媒體的報導。

「台北是舞台，馬祖也是舞台，而我發現，自己在馬祖這個舞台，更容易被看見，」蔡沛原說，她的初衷，只是想為家鄉做點事，然而隨之而來的成就感，遠超過預期。所以她案子愈接愈多，跟馬祖的黏著度也愈高，現在一個月大概有一半的時間，會留在馬祖。

她透露，馬祖有很多公部門的設計案，但是外地設計師考慮到交通、住宿的成本，通常興趣缺缺，像她這樣的設計新秀，靠著地緣的優勢，更容易得到機會。不過，為了把更多新的設計觀念帶進馬祖，她也很樂意居中牽線，介紹一些外地的設計師來參與在地的設計案。

雖然工作重心已經移到故鄉，蔡沛原還是會定期返回台北，理由很簡單，就是回到同溫層「取暖」。她不諱言，東引島上本來年輕人就少，加上每一個人的個性、喜好，以及對時事的觀點，原本就不盡相同，因此每次回到台北，她的首要之務就

是跟氣味相投的朋友聚會。她也認為，在這兩種截然不同的環境中流動，總能讓她汲取不同的養分和靈感，繁華快速的台北還可助她整頓離島生活閒適鬆散的步調。

除了發展個人的設計事業，二〇二〇年，蔡沛原也和幾位在地青年組成「鹹味島合作社」，將廢棄的魚露店改建成社區參與的空間，透過各種實作課程，將美學的種子深植在東引這塊土地上。

廢棄校舍改造為基地

相較於北竿、東引，南竿的面積最大，人口最多，在地青年聚集的地方創生能量，也特別強大。

二〇一七年六月，一群馬祖青年成立了「馬祖青年發展協會（簡稱馬青）」，四十多名成員，年齡從二十歲到四十歲，背景則相當多元，有人是馬祖長大，有人是台灣長大，也有人雖來自外地，因為熱愛馬祖，而長駐於此，他們共同的目標，就是希望透過年輕人的力量，為馬祖帶來改變。

連續兩屆都擔任「馬青」理事長的曹雅評，是南竿的返鄉青年。高中畢業之後，她到台灣念大學、研究所。社工背景出身的她，後來就在台北從事社工相關工作。

曹雅評
土型人／返鄉定居
曹雅評高中畢業後，到台灣念書。社工背景出身的她，原本在台北從事相關工作，馬祖博弈公投過關，對於參與反博弈抗爭的曹雅評是不小的刺激，也促成她返鄉並推動成立「馬祖青年發展協會」，除了凝聚社區，傳承在

二〇一二年，馬祖博弈公投過關，雖然在博弈專法仍未立法的情況下，博弈專區仍無法實質設置，但是公投結果，對於參與反博弈抗爭的曹雅評，是不小的刺激，促成她返鄉就業，並推動成立「馬青」。

為了打造協會的基地，他們尋尋覓覓，找到了位於南竿鄉珠螺村一所廢棄五十三年的小學校舍，並申請到了經費，進行改建。由於校舍荒廢已久，當地村民作為倉庫使用，連「壽材（老年人生前備下的棺材）」都放在這裡。因此，曹雅評除了和協會成員動手整頓校舍，還花了很多時間跟村民溝通，說服他們接受改變，今年（二〇二〇）年初才大功告成。

地文化，對於想要長駐馬祖的外地人士，也提供資訊和協助。

有了空間之後，「馬青」除了在這裡舉辦市集、紀錄片放映，也規劃了文化母語的課程，邀請在地人用馬祖話玩遊戲、划馬祖酒拳，從日常生活裡學馬祖語，從語言重新找到自我的文化認同。

「在馬祖，人脈是很重要的資源，如果你打不進在地的人際網絡，要在這裡發展就比較辛苦，」曹雅評舉例，像最基本的租屋，房東通常只願意租給認識的人，外地人如果沒有在地人的引薦，很難找到房子，因此「馬青」除了凝聚社區，傳承在地文化，對於想要長駐馬祖，但是人生地不熟的外地人士，也是一個獲得資訊和協助的平台。

已經當媽媽，迎接新生命的曹雅評，生產前會定期來台灣做產檢，也在台灣生產。她坦言，相較於台灣，馬祖的醫療資源還是不足，除了上一代是在當地由產婆接生，很多年輕一代的馬祖人，都是在台灣出生，加上後來也去台灣求學、工作，在那裡有朋友、家人，跟台灣的淵源很深。

「對台灣人來說，來馬祖一趟可能很難得，但是對於馬祖人來說，飛台灣其實是家常便飯，」曹雅評笑道，「就有人開玩笑說，台灣是馬祖人的後花園。」

身為「馬青」的理事長，她也經常來台灣開會、提案，或

是跟其他縣市的地方創生團隊交流，從各方經驗中，探索如何創造馬祖的未來。

從醫學轉向餐飲

週六午後，新竹晶品城購物廣場外的週末市集，馬祖青年王錦儀細心布置她的攤位，除了自己生產製作的魚麵料理包、老酒小魚小卷醬，還擺上了「馬青」夥伴周小馬製作的熱感應保溫杯，「只要倒入熱飲，就會浮現藍眼淚的夜景哦！」

她用自己的攤位推廣周小馬的杯子，周小馬也會幫忙推廣她的料理產品，「馬祖人就是很團結，你願意無代價幫忙別人，因為別人也願意無代價幫忙你，」王錦儀強調，她對家鄉的情感，很大部份是來自人的牽絆。

王錦儀是南竿人，跟曹雅評是國小同班同學，再興高中畢業後，透過「離島地區醫事人員養成計畫」，考進了台北醫學大學，念到第五年，她發現行醫不是自己的志趣，就毅然休學，轉向她有興趣的餐飲事業。

從醫學轉向餐飲，看似突兀，其實不然。王錦儀的父親在南竿就開過餐廳，而且富有研發精神，時下流行的餐點，他都會試著去做，王錦儀算是繼承了父親對料理的熱情。

休學之後，王錦儀打工兩年，待過各種類型的餐廳，練好了料理基本功，就自行創業，在三峽的北大商城，開了一間早午晚餐店「IC eating house」，主打馬祖菜和異國料理，據說是明朝大將軍戚繼光發明的「繼光餅」，是馬祖的特色小吃，也成為王錦儀店中的人氣餐點。

創業之初，王錦儀就規劃要做實體店面、電子商務兩塊市場，本來打算店面生意上軌道後，可以交給別人管理，可惜事與願違，由於一直找不到願意長期打拚的夥伴，就在二〇一九年收掉店面，專注於電子商務的市場。

王錦儀沒有跟購物網站合作，而是透過「兵的料理廚房」網站和粉絲專頁，來進行販售。為了推廣自家商品，王錦儀就開始跑市集，「賣吃的，就是要讓消費者試吃，而且我也希望，對方是吃過我的商品，真正喜歡，再來購買。」她除了跑台北的市集，也會參加馬祖的市集，事實上，後者帶動的銷售結果更好。

王錦儀解釋，馬祖市集會有很多外地的觀光客，他們本來就對馬祖感興趣，自然購買的意願也比較高，像是疫情趨緩後，大量觀光客湧向馬祖，王錦儀的業績也跟著攀升。另外，她也是「馬青」、「連江縣青年事務委員會」等組織的成員，有很

王錦儀
土型人／二地居
高中畢業後，王錦儀來到台北念書並定居。繼承了父親對料理的熱情，投入馬祖菜和異國料理，透過

多活動、會議要參與，因此一個月至少有一半的時間，她會留在馬祖。

王錦儀承認，如果固守馬祖市場，就產品銷售來說，更容易看到成績，但是她選擇馬祖、台灣兩地移動，除了可以維繫兩地的人脈，也可以藉著在市集擺攤的機會，讓更多人認識馬祖。

「會主動來詢問產品資訊的

網站和粉絲專頁販售。為了推廣自家商品，開始在台北、馬祖兩地跑市集，除了維繫兩地的人脈，也可以藉著在市集擺攤的機會，讓更多人認識馬祖。

客人，通常也有意願去馬祖玩，我就會跟對方介紹馬祖，甚至提供一些在地旅遊團隊的聯絡方式，」王錦儀說，這麼做完全是義務性質，出發點就是對於家鄉的愛。

拍影片介紹馬祖

對於馬祖人來說，每年元宵節前後舉辦的「擺暝祭典」，是年度盛事，很多外地的馬祖人都趕回去參加，在台灣長大的林庭旭也不例外，不過，這幾年他返鄉還多了一個任務，就是擔任縣政府「擺暝文化季」晚會的主持人。

林庭旭的父親是南竿人，是家族中移居台灣的第一人，因此，林庭旭的成長記憶中，叔叔、姑姑們到了一定年紀，到台灣工作時，一定是住在他家，因此他跟這些家族成員關係一直很親密。

後來父親搬回馬祖，林庭旭和母親、妹妹，則繼續留在台灣。有趣的是，當年那些來台灣工作的叔叔、姑姑，後來也陸續回馬祖發展，林庭旭每逢寒、暑假返鄉，又跟他們相聚，

林庭旭
關係人口
因為父親是馬祖南竿人，林庭旭寒暑假經常回鄉度假。擔任購物專家期間，受馬祖鄉親大力支持，開始拍攝以馬祖文化為主題的影片，提升家鄉魅力與知名度。雖然在台北工作、生活，但時常擔任馬祖重要活動的主持人，也是「馬祖青年發展協會」的成員。

「在我心中，馬祖代表的就是家的記憶。」

高中時期就熱衷表演的他，雖然大學念的是財政系，畢業後曾在外商短暫做過行銷工作後，就跑去應徵購物專家，初期還在摸索，業績都吊車尾，後來他將表演結合銷售，一炮而紅，職涯雜誌找他拍封面，「康熙來了」找他上節目，甚至連「全民大悶鍋」都以他為模仿的對象。

由於馬祖之前很少有高知名度的人，林庭旭成為家鄉注目的焦點，當地的《馬祖日報》經常報導他的動態，有朋友

就跟他開玩笑：「《馬祖日報》是你家開的嗎？」

家鄉給他的支持和掌聲，促成他想要回饋的心意。從小在台灣長大的他，長期以來，深切感受很多人不認識馬祖。「以前沒有藍眼淚，馬祖還真是乏人聞問，」林庭旭苦笑道；「台灣的朋友經常把馬祖、金門混為一談，每次得知我要回馬祖，他們會託我買貢糖、菜刀……」

為了提升馬祖在社群平台的能見度，本身就喜歡寫東西的林庭旭，先在臉書上發文「一眼分辨出馬祖人」、廣徵網友意見談「一句話惹惱馬祖人」，之後更拍了影片「翻白眼吧！馬祖人」系列，以詼諧趣味的方式介紹馬祖，引起了不少迴響。

由於林庭旭人不在馬祖，能拍攝的內容有限，不過他從小玩到大的表弟王江捷，和另一名馬祖青年周小馬合作「馬祖實驗室」，拍了更多以馬祖文化為主題的影片，也算是把他的創意發揚光大。

從事七年的購物專家後，林庭旭覺得「夠了」，又再度回到外商公司上班。「我現在很難長時間待在馬祖，但是我告訴地方人士，只要他們需要我，而我又能發揮所長，我一定會排除萬難，回去參與地方的事務，」林庭旭強調，除了擺暝文化季，馬祖的春節遊藝暨團拜活動也找他當主持人，而他也是「馬祖

青年發展協會」、「馬祖青年委員會」的成員，因此大概每季都會返鄉一趟。

週期移動的候鳥

除了藍眼淚，馬祖也因為燕鷗聚集而聞名，牠們會因為渡冬、過境、繁殖等原因，週期性地回到馬祖。

不論是開咖啡店的王雅婷、從事設計工作的蔡沛原、推動「馬青」事務的曹雅評、跑市集推廣料理包的王錦儀、回馬祖幫忙主持工作的林庭旭，或是其他的馬祖青年，他們都以自己的模式，如同候鳥一般，在馬祖、台灣兩地間移動。

透過移動，可以連結更多資源、人脈，最終的目標，就是打造出美好的家園。

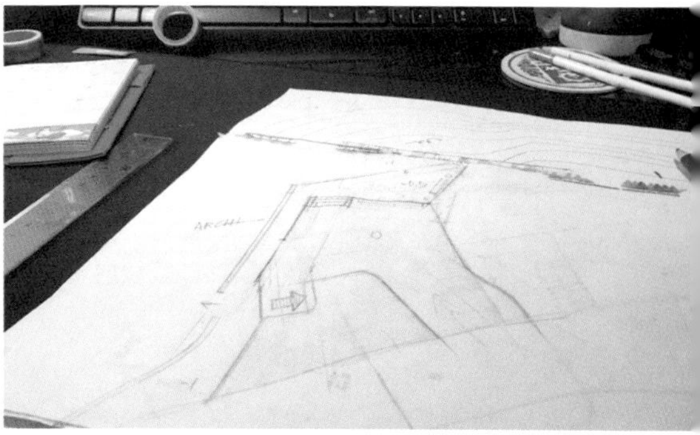

用同溫層的力量 召喚遊子

台東縣延平鄉公所祕書
閻志瑋及團隊

午後，台東山區一場傾盆大雨，消解了不少酷夏的暑氣。雨後的延平鄉，路上沒有人蹤，只見雲霧在群山間湧動，更顯得靜謐。

延平鄉是台東縣五個山地原住民鄉之一，居民以布農族為主，曾經掀起台灣棒球熱潮的紅葉少棒隊，正是來自延平鄉紅葉村。

紅葉少棒隊的榮光，已經是上個世紀的歷史。以農業為主的延平鄉，人口密度本來就居全國倒數第四，人口外流問題嚴重，願意返鄉定居的青年，可以說是寥寥無幾。

不過，情況開始變得有點不同了。

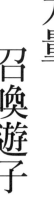

這幾年加入延平鄉公所的幾名生力軍，都是在地青年，學生時代就離開家鄉，在外地讀書，考上公務員資格後，也在異地的公部門任職。如今他們決定回到延平鄉，為自己的家鄉貢獻心力。

創造「宜居」和「移居」的生活環境

促成他們返鄉的推手，就是延平鄉公所祕書閻志瑋。

二〇一八年十一月三十日，在延平鄉青年創業基地，上演了一場別開生面的「赤裸裸草地音樂會」。

在這場活動中，延平青年們穿上自己設計的T恤，一起彈奏哼唱自創歌曲，現場不但準備了創意套餐，還有文創商品套組作為伴手禮，與會者無不樂在其中，而且滿載而歸。除了同樂，這批延平青年也透過「赤裸裸草地音樂會」，大聲向故鄉宣告：「我回來了。」

這場音樂會，展現了延平鄉公所承辦內政部營建署「花東養生休閒及人才東移計畫」的成果。

該計畫以「人」為主軸，創造「宜居」和「移居」的生活環境，將消失在地方的青年重新找回來，並吸引更多移居青年到來。

負責這項計畫的人正是閻志瑋，而本身也是延平青年的她，「返鄉之路」其實也有一段波折。

曲折的返鄉之路

朋友暱稱「瑋瑋」的閻志瑋，父親是外省籍的警察，母親是布農族人。值得一提的是，閻志瑋的母系家族是政治世家，外祖父是第五屆議員，母親則是從第七屆開始，連任了三屆議員。為了想把重心放回家庭，母親在三十八歲那年，毅然結束了政治生涯，全家搬到台東市區。那一年，閻志瑋五歲。

「我對於部落生活的記憶，就停留在五歲之前，」閻志瑋回憶，她形容自己之後就是個在城市長大的原住民，跟家鄉的關係並不深刻。

個性活潑外向，喜歡跟人互動的她，大學念的是文化大學觀光系。由於母親離開政壇後，從事的是教職，在她的建議下，閻志瑋就去考了師資培育班，並順利取得合格教師證，從此展開了長達六、七年的流浪教師生涯。

閻志瑋主要的授課項目是「舞蹈」，既是她的興趣，也是

專長，因此她教起來十分有熱忱。然而，流浪教師必須四處奔波，而且工作充滿不確定性，終究非長遠之計，於是她就毅然轉換跑道，去考公務員。

覺得不夠好，就回來改變它

以閻志瑋的背景，如果考的是教育行政，或是觀光行政，似乎都順理成章，但是她卻選擇了原住民行政。因為這是比較冷門的項目，連母親都有點不解，而閻志瑋的想法是：「既然我身上流著原住民的血，就應該找回屬於自己的根。」

由於坊間補習班找不到相關的授課，閻志瑋就靠著自修，花了一年通過了高考，分發到花蓮縣萬榮鄉公所服務。

然而，正式任職的前半年，閻志瑋卻過得十分痛苦。她還記得，報到沒多久，曾有長官問她來自哪一族。當對方得知她是布農族，反應卻是：「怎麼可能？布農族都長得矮矮的，妳的樣子不太像。」閻志瑋解釋，自己有一半漢人的血統。對方居然說：「原來，妳就是所謂的『雜種』。」

這經驗，讓她頗為受傷。

閻志瑋坦承，三十歲之前，她身邊其實沒什麼原住民的朋友，因為工作的關係，必須融入原住民族群，卻發現自己格格

閻志瑋

土型人／返鄉定居

在都市出生長大的閻志瑋，如同許多都市原住民家庭，與自身母文化缺乏連結。因為公職工作，輾轉回到台東延平鄉公所任職，開始思索活化家鄉，成立「延青」組織，把散落各地的延青串連起來，再藉由各種聚會、活動，凝聚共識與互信，為家鄉留住人才。

不入，「他們覺得好笑的事，我並不覺得好笑；而我覺得好笑的事，他們也不覺得好笑。」

好不容易熬到三年半期滿，可以調到其他地方，閻志瑋的表哥，同時也是現任延平鄉鄉長胡黃廣文，就問她要不要返鄉服務。

閻志瑋起初意願不高，「對我來說，延平鄉只是個每逢選舉時，我會回去投票的地方，」而且她認為家鄉不足讓她施展身手。表哥再問她：「如果妳覺得延平不夠好，為什麼不回來改變它？」

這句話打動閻志瑋，既然當初考原住民行政，就是為了尋根，她為什麼不給故鄉一個機會？

成立「延青」，聚集在地的年輕人

回到延平鄉公所任職後，閻志瑋發現，三十四名正職人員中，包含她在內，只有四位是在地人，而且同仁的年齡層偏高，多數都是五十歲上下。三十出頭的她，溝通上難免有隔閡感。

從萬榮到延平，閻志瑋從自身經驗體會，要把人留下來，有沒有可以相互理解的「同溫層」，影響很大。因此，當她接下了「人才東移計畫」，首先思考的，就是建立延平青年聯絡網，

成立「延青」組織。

她透露，由於部落的教育資源有限，很多人到外地求學，即使都來自延平，大家不是一起成長，彼此也不熟悉，家鄉沒什麼認識的人，缺乏「同溫層」，當然就沒什麼意願返鄉。

因此，閻志瑋盤點人力，找出散落各處的延青，透過幾位有號召力的「領頭羊」，一個帶一個，慢慢的把人串連起來，再藉由各種聚會、活動，凝聚共識與互信。比方說，有延青對音樂祭感興趣，但是沒辦過，他們就去別人的音樂祭擺攤，累積了經驗後，隔年就自己舉辦音樂祭。這種一起摸索的過程，總能建立深刻的情誼。

串聯上一代與鄰鄉

「除了延青，他們的父母也是我們串連的對象，」閻志瑋透露，他們會在不同延青家裡辦聚會，一方面是讓父母認識他們，知道孩子是跟什麼樣的同儕來往；另一方面，跟這些父母親打好關係，未來要說服這些延青返鄉，他們也能夠發揮助力。

閻志瑋坦言，當初接下「人才東移計畫」，原本不被看好，沒想到第一年就成了黑馬，拿到了超特優的成績。

接下來又承辦了兩年，更進一步推動延青參與在地公共事

務，並舉辦增能課程。比方說，有延青想創業，就開課教他們寫企劃書、做財務分析，並藉由公部門的平台，為他們爭取創業所需資源。

另外，延青也跨出鄉界，和鄰鄉的青年團體交流，相互學習，同時擴大了「延青」的定義，不必是本地出身，只要是愛延平，年齡在十八歲到四十歲之間，都可以加入「延青」這個團體。因此「延青」成員有人來自台東市區，甚至還有人來自台南。

新血加入，推動地方創生

連續三年推動「人才東移計畫」都有亮眼表現後，延平鄉公所又爭取到了「地方創生計畫」，希望透過在地產業的發展，強化延青返鄉扎根的意願。

「部落旅遊發達，是延平鄉的一大特色，」閻志瑋指出，讓遊客體驗山林生活的「森林博物館」，大約有十二間，規模大小不一，但是過去缺乏串連，遊客參加完行程，就轉到其他鄉鎮。

大學念觀光的閻志瑋深知，把遊客留得愈久，創造的經濟效益就愈大，因此她推動業者之間的合作，拉長遊客停留在延

平鄉的時間，同時推廣可可栽種，作為當地新的經濟作物，之後可作為遊客伴手禮。

延平鄉雖是紅葉少棒的故鄉，然而布農族先天體型比較瘦小，在棒球界想再上一層樓，容易遇到瓶頸。因此，當地的創生計畫中，還規劃了成立山林訓練中心，培養當地年輕人成為「高低空冒險」的講師，除了可以留住人才，也可以藉此開發高單價的旅遊行程。

從兩地移動到回鄉扎根

美好的藍圖需要有人來落實，延平鄉公所這幾年加入了幾位返鄉的延青，就成了改變延平的重要力量。

這幾位延青有個有趣的共通點，就是他們在別的鄉公所任職時，都曾經以兩地移動的方式，持續參與家鄉的相關事務，最後在閣志瑋的感召下，回到家鄉扎根。

以返鄉任職大約一年的余淑釩為例，她國小、國中就到台東市區就讀，後來去花蓮念大學，在新竹念研究所，自認為個性比較缺乏冒險精神，畢業後就選擇走上了安穩的公務員之路，分發到屏東縣獅子鄉公所，擔任財經課的課員，主要負責地政相關工作。

余淑釩在屏東工作這三年間，她還是持續參與延平鄉本地的教會活動，以及她推動成立並擔任總幹事的宗教組織，臺東縣鸞山聖伯多祿發展協會。

每週五下班後，她就從屏東趕回延平，週一早上四點左右起床，請家人開車載她去台東市區搭火車，到了枋寮，已經是早上七點半，再跟當地的同事聯絡，一起去上班。

她每週在屏東、台東兩地移動，每次交通都要花上兩個小時，但是她不以為意，可見得她對家鄉事務參與的投入。

閻志瑋是她表姊，自然而然就被拉進了「延青」。她看著對方對於推動人才回流的用心付出，「加上外面的花花世界，我也看夠了，」她笑道，二〇一九年，延平鄉公所有職缺，她就回來了。

余淑釩目前在產業觀光課擔任課員，負責推動新經濟作物可可的栽種，「我雖然沒有創業，但是待在公部門，協助家鄉的產業發展，也是很有意義。」

探索血脈文化

另一位延青胡克穩，也是從小學開始就到台東市區念書，大學則是就讀輔仁大學國際貿易與金融學系（現為金融與國際

余淑釩

土型人／返鄉定居

國小就到外地讀書，畢業後選擇公務員之路，分發到屏東縣獅子鄉公所，原本以二地居模式，持續參與延平鄉的宗教活動。因為被閻志瑋對於推動人才回流的用心所感動，回到延平鄉公所產業觀光課擔任課員，負責推動部落產業及新經濟作物可可的栽種，協助家鄉產業的發展。

企業學系）。他原本的生涯規劃，就是畢業後留在台北，進入貿易公司上班。

考慮到台北的生活費偏高，退伍之後，他先返回台東工作存錢，為之後北上發展做準備。因緣際會下，他進入了地方稅務局擔任約聘人員，負責為民眾解說房屋稅相關的疑難雜症，因而發現稅務專業可以幫助很多人，便決定轉向公職發展，參加原住民特考，在財務行政項目拿到了狀元，之後就分發到位於海線的東河鄉公所。

胡克穩的哥哥胡克緯是當地第一位博士生，向來致力於布農文化的保存與傳承，二〇一四年成立了「社團法人台東縣布農青年永續發展協會（簡稱「東布青」）」，舉辦各種文化和產業連結的課程與活動。

受到了哥哥的影響，胡克穩也是「東布青」創始成員之一，他在東河鄉公所任職期間，為了參與協會事務，也就經常在延平、東河之間移動。

延平、東河同在台東縣內，車程大約一小時，並不算太久，加上不少會議

可以透過視訊進行，胡克穩忙於公務之餘，仍然投入「東布青」的活動。唯一的困擾，大概就是有些在外縣市進行的活動，如果沒有辦法請假，就只能缺席。

胡克穩坦言，從小在台東市區長大，對於自己的原住民身份，並沒有特別的感受，上了大學後，族群意識才漸漸清晰。後來參與「東布青」事務，對於布農部落的文化瞭解愈深，他跟延平的連結就愈深。

他也是加入了「延青」後，很認同延平鄉公所推動這項計畫，覺得返鄉服務也不錯，就主動詢問職缺，二〇一八年回來，擔任民政課課員，承辦鄉內的各種活動，特別是具有濃厚傳承意義的祭典活動。

「跟之前的工作相比，現在服務的對象是在地鄉親，感覺更加親切，對自己的要求也更高，」胡克穩透露，返鄉工作後，更能夠落實他想為布農部落做點事的信念。

二〇二〇年二月才上任的財經課長蔡耀祖，國小、國中雖然也在台東市區就讀，但是每天通勤，放學後還是回到部落，直到高中才在市區租房子。大學就讀屏東科技大學森林系，退伍後第一份工作，就是當公務員，因為有林業的背景，他就分發到台大實驗林管理處，從事林地管理的業務。

胡克穩

土型人／返鄉定居

胡克穩在台北念書後回到台東工作，後來在東河鄉公所任職，因為認同延平鄉公所推動的人才計畫，返回延平服務，擔任民政課課員，承辦鄉內的各種活動，特別是具有濃厚傳承意義的祭典活動，落實他想為部落做事的信念。

營造更好的鄉里

跟胡克穩類似，蔡耀祖也經歷原住民身份的探索期，「以前不是很喜歡別人提到我是原住民，後來不得不承認，我們的外表跟平地人就是不太一樣，」蔡耀祖透露，由於原住民意識的覺醒，蔡耀祖也開始參與原住民青年的事務，他也是「東布青」創始成員之一。

因為上班的地點在南投，不太可能每週都返鄉，蔡耀祖採取的模式則是每兩週回去一次，每次大概待個三天，持續了約三年半左右。當他看到家鄉開始推動「人才東移計畫」，鄉公所從過去單純的行政作業，轉為積極營造更好的鄉里來吸引年輕人，也就萌生了返鄉服務的意願。

蔡耀祖回延平鄉服務大概兩年多，經歷了產業觀光課、民政課兩個部門，他獲提拔成為財經課的主管，為地方基礎建設的經費把關，預定在二〇二〇年底動工的山林訓練中心，就是他目前手上在處理的大案子。

「基礎建設跟在地民眾的生活息息相關，做得好不好，他們的感受最直接，」蔡耀祖坦言，想到自己的工作，可以讓家鄉變得更好，他做起來更有使命感。

蔡耀祖

土型人／返鄉定居

退伍後就擔任公務員的蔡耀祖，由於原住民意識覺醒，之前雖然在南投工作，仍然經常返鄉參與原住民青年事務，是「東布青」創始成員。因為被延平鄉的人才計畫所感召，回到延平鄉公所工作，為故鄉基礎建設經費把關。

由於現在的同事，有好幾位都是延青的夥伴，於公於私，都有很多話題可聊，而且也有革命情感，相較於單純只是同事關係，他們在工作上更能夠相互支援。

山羌的呼喚

正在靜靜發生變化的延平鄉，不但吸引人才回流，讓余淑釩、胡克穩、蔡耀祖這群延青願意返鄉服務，也讓外地人願意在這裡扎根，像民政課課長王義羣就是其中一例。

王義羣是屏東人，父親是外省人，母親是排灣族，為了孩子的教學環境，曾經舉家搬到高雄，後來又因為父親的傳教工作，再遷到台中，不過，高中、大學，他仍回到屏東就讀。

從屏東科技大學應用外語系畢業後，王義羣在書店、補習班、鐵工廠都工作過。由於薪水不是很理想，而哥哥是從事公職，在他的建議下，王義羣參加了原住民行政的特考並上榜，二〇一四年來到延平鄉公所報到。

和閻志瑋一樣，王義羣也是都市長大的原住民，加上自己非布農族人，一開始在延平鄉工作，也曾經有適應不良，甚至萌生「約滿我就離開」的念頭。

不過，隨著他加入「延青」這個團體，認識了一群在地的

王義羣
土型人／移居入鄉
王義羣是屏東人，因為公職工作，二〇一四年來到延平鄉公所報到。一開始也曾經適應不良，甚至萌生約滿就離開的念頭。不過，隨著他加入「延青」這個團體，認識了一群在地年輕人，和這塊土地的連結愈來愈緊密，因此一待就是七年，甚至把戶籍遷到延平鄉。

年輕人，成為大家口中的「義羣哥」，大家一起參與活動，累積了很多共同的回憶，他跟這塊土地的連結，也就愈來愈緊密，一待就是七年，甚至還把戶籍遷到了延平鄉。

「我漸漸覺得，你是否認同這裡的人，並獲得他們的認同，其實比你身上的血緣更重要，」王義羣感性地說，延平是他的第二故鄉，就是因為他跟在地人已相互建立了深厚的認同。

在布農族的傳說中，古代天空曾有兩顆太陽，農作物無法生長，因此民不聊生。有位勇士自告奮勇，要把太陽射下去，但是他一次把兩顆太陽射下來，整個世界陷入了黑暗。此時山羌開始對著天空吼叫，終於把一顆太陽叫上來。

「我們延青就是山羌，希望透過彼此的呼喚，把家鄉的希望叫起來，」閻志瑋形容。

而作為那隻領頭的山羌，她要持續喚回更多山羌，幫他們找到回家的路。

工作生活 BWL085

二地居
地方創生未來式

國家圖書館出版品預行編目(CIP)資料

二地居：地方創生未來式／林承毅、謝其濬著 --
初版. -- 臺北市：遠見天下文化, 2020.12
面； 公分. -- (工作生活；085)

ISBN 978-986-525-009-6(平裝)

1.產業政策 2.區域開發 3.創意 4.臺灣

552.33 109018735

作　　者 — 林承毅、謝其濬
客座總編輯 — 龔明鑫
專案策劃 — 國家發展委員會

主　　編 — 李桂芬
責任編輯 — 羅德禎、李依蒔（特約）
封面設計 — 王憶靜（特約）
內頁美術設計 — 洪雪娥（特約）
內頁攝影 — 連偉志、黃鼎翔、吳東峻、高信宗、周小馬
圖片提供 — Shutterstock、陳美惠、邱承漢、彭仁鴻、劉詰洋、
蔡沛原、曹雅評、閻志瑋

出版者 — 遠見天下文化出版股份有限公司
創辦人 — 高希均、王力行
遠見・天下文化・事業群　董事長 — 高希均
事業群發行人／CEO — 王力行
天下文化社長 — 林天來
天下文化總經理 — 林芳燕
國際事務開發部兼版權中心總監 — 潘欣
法律顧問 — 理律法律事務所陳長文律師
著作權顧問 — 魏啟翔律師
地址 — 台北市 104 松江路 93 巷 1 號 2 樓
讀者服務專線 —（02）2662-0012
傳真 —（02）2662-0007；2662-0009
電子郵件信箱 — cwpc@cwgv.com.tw
郵政劃撥 — 1326703-6 號　遠見天下文化出版股份有限公司
出版登記 — 局版台業字第 2517 號

電腦排版 — 立全電腦印前排版有限公司
製版廠 — 中原造像股份有限公司
印刷廠 — 中原造像股份有限公司
裝訂廠 — 中原造像股份有限公司
總經銷 — 大和書報圖書股份有限公司 電話／(02)8990-2588
出版日期 — 2020 年 12 月 11 日第一版第 1 次印行

定價 — NT 450 元
ISBN — 978-986-525-009-6
書號 — BWL085
天下文化官網 — bookzone.cwgv.com.tw